オフィスはもっと楽しくなる

はたらき方と空間の多様性

岡村製作所 オフィス研究所
花田 愛　森田 舞

プレジデント社

はじめに

　オフィスはもっと楽しくなる——。

　タイトルにもある通り、オフィスをはじめとしたはたらく場を、もっとよくしていくことが本書のテーマです。
　もっと楽しくはたらくことができるように、もっとアイデアが生まれやすいように、もっと人間関係がスムーズになるように、私たちにはまだまだできること、やるべきことがたくさんあると思います。
　そんな思いのもと、この本には、さまざまなはたらく場で実践できる空間づくりの工夫をまとめました。
　項目ごとでも読みやすいよう、イラストや図版でわかりやすく紹介していますので、どうぞ気になるところからページをめくってみてください。

　私たちオカムラのオフィス研究所では、時代の変化に合わせたはたらく場を提案するべく、さまざまな研究を行っています。
　その中で、今、私たちが特に重要だと考えているのは、「はたらき方の多様性」についてです。そのため、本書を書くにあたっては、常にこのことを意識しました。

少子高齢化が進み、労働人口が減る中で、外国人や高齢者、女性の社会進出について真剣に考えなければならない状況にあります。出産・育児、大学などへの就学や海外留学、親の介護なども、はたらく人すべてにとって切り離せないことです。
　これまで以上に、さまざまな状況にある人たちに合わせた、あたらしいはたらき方を受け止められる社会をつくっていく必要がある。そう感じている人は、きっと少なくないはずです。

　この「はたらき方の多様性」を考えるに至った背景には、本書の筆者である私たち2人のはたらく環境が深く関係しています。
　私たち2人は同期入社で、はたらき始めて10年以上が経ちました。
　社会的にも大きな変化がありました。政治も経済も大きく変動し、景気に合わせて変わっていく雇用状況に、はたらく場も左右されてきました。未曽有の大震災も起こりました。
　個人的には、子どもが生まれたり、病気になったり、会社を一度離れて大学での研究に戻ったりしました。
　その中で、私たち2人は、「はたらき方の多様性」がいかに重要であるかを実感してきたのです。
　これまでは、十分な時間を確保できる人がはたらくこと

の前提となっていたかもしれません。しかしそれでは「はたらき方の多様性」は生まれないでしょう。

多様性（ダイバーシティ）というと、どうしても女性の社会進出ということが一番に思い浮かぶのではないでしょうか。とても大切な要素の1つだとは思いますが、多様性はそれだけではありません。性別、年齢、家族構成、考え方、経歴、健康、そしてはたらき方など、どれ1つとっても、まわりと同じだということはないからです。
　だからこそ、それぞれに個性があり、お互いを尊重することがあたりまえなのです。

Chapter1「ダイバーシティ」では、はたらき方の多様性について具体的に考えています。
　いろいろな人がいるからこそ見えてくる価値や可能性が、これからのはたらく場を楽しいものに拓いていくと思います。

Chapter2「コミュニケーション」では、はたらく場で起きるさまざまなコミュニケーションのかたちをとりあげています。
　オフィスのあたらしいコミュニケーション空間など、コミュニケーションを活性化するための場づくりについてご紹介しています。

Chapter 3の「クリエイティビティ」では、グループでよりよい成果を出すための空間づくりのポイントなど、互いに力を出し合い、あたらしい価値を創造していくための場づくりについてご紹介しています。

　Chapter 4の「ホスピタリティ」では、ここちよくはたらくことを通して、心も身体も健康であることについて考えています。
　あらたなアイデアに気づくためには、感性がとても大きな影響をあたえます。おもてなしが身近にある日本人にとって、得意な分野ではないでしょうか。

　Chapter 5「ラーニング」では、改めて学びについて考えています。一見はたらくこととは関係がない気がするかもしれませんが、実はずっとつながっている大切なエッセンスです。
　学び続けることで、より豊かで楽しいはたらき方を見つけていけると思います。未来のはたらき方は、もっと学びと近くなっているのではないでしょうか。

　本書では、会社ではたらいている方だけでなく、学校や大学、図書館、病院などさまざまな職場ではたらく人や、社会とのつながり方を模索している人にも読みやすいよう

に、幅広い話題に触れています。

　子育てや介護ではたらき方を見直したいと思っている人、はたらきながらボランティアや町おこしなど地域活動をしていきたい人、大学での学びと仕事を両立していきたい人、単純に今のはたらき方に疑問を持っている人たちが本書を通じて、これからのあたらしいはたらき方に可能性を感じていただければ、これ以上のことはありません。

　みなさんはどんなはたらき方をしていますか。そして、これからどのようにはたらいていきたいですか。
　ぜひ考えてみてください。

　　　　　　　　　　株式会社 岡村製作所 オフィス研究所
　　　　　　　　　　　　　　　　　花田 愛・森田 舞

はじめに……………………………………………………… 003

Chapter 1人1人に合わせて "はたらき方"を変えてみよう
think DIVERSITY

01	豊かな暮らしをつくる柔軟なはたらき方……………………	014
02	通勤時間がワーク・ライフ・バランスを左右する!?………	018
03	場所を変えてはたらいてみよう…………………………………	022
04	ここちよいシェアワークのためにできること…………………	026
05	上司と部下の関係を良好にするコツ……………………………	030
06	もっとあたりまえになってほしいイクメンやイクボス……	034
07	内向型も外向型もみんなが活躍できる場を……………………	038
08	望み通りの席ではたらくとやる気が出る!?…………………	042
09	ユニバーサルデザインを次なるステージへ…………………	046
10	"ワーク・ダイバーシティ"を実現していくために…………	050

Chapter 2
みんなのちょうどよい"距離感"をつくろう
think COMMUNICATION

11	つながりを深めるための3つのステップ	056
12	仲良く使えるテーブルのかたちを考えてみよう	060
13	5人グループのちょうどよい距離感とは？	064
14	パネルの高さとデスクのかたちを味方にしよう	068
15	会話の秘密を守るマスキングのしくみ	072
16	"トイレット・コミュニケーション"をはじめよう	076
17	ひと手間加えると出会いが孵化する	080
18	正面で向き合うと会話が多くはじまる	084
19	オフィスにカフェをつくる際のちょっといい話	088
20	行動観察で見える私たちの未来のはたらき方	092

Chapter 3 よりよいアイデアを生む "創造性" を高めよう
think CREATIVITY

21	アイデアがひらめきやすい場所はどこ？	098
22	効果的な色彩ではたらく場をより快適にする	102
23	"かわいい" が集中力を高める!?	106
24	人それぞれに合わせて集中の環境を整えよう	110
25	身近な発想法 "ブレスト" を成功させるコツ	114
26	笑って楽しくはたらくと創造性もアップする	118
27	創造性を発揮できそうな空間とは？	122
28	伝えるためのツールは空間の使い方に配慮する	126
29	あなどれない "かたち" があたえる人への影響	130
30	身体を動かすと創造的になれるってほんと!?	134

Chapter 4 十分な力を出すための"健やかさ"を整えよう
think HOSPITALITY

31	はたらくときに意識したい"健やかさ"のこと ……………	140
32	仕事のしやすさとここちよさを兼ねる照明は？……………	144
33	リフレッシュスペースのつくり方…………………………	148
34	きちんと休むための場づくりのポイント…………………	152
35	離れるからこそできる先生の気分転換……………………	156
36	"ヒヤリ・ハット"を減らして事故を予防しよう …………	160
37	コーポレートカラーを使うと会社に愛着が持てる!?………	164
38	目的地へスムーズにたどり着くための道しるべ…………	168
39	はたらく窓辺のオアシスで健やかさを高めよう…………	172
40	作業姿勢に適したいすを選ぶためのツボ…………………	176
41	いいことずくめ！　立ち作業を取り入れよう……………	180
42	オフィスで植物を育てるときの効果と癒やし……………	184

Chapter 5 未来のためにもう一度 "学び" を考えよう
think LEARNING

43　アクティブな学びに必要な環境を整えよう……………… 190
44　教室のレイアウトをもっと自由に変えていこう…………… 194
45　あたらしい学びのかたち "どこでもスタディ" ………… 198
46　馬が伝える家具のストーリー……………………………… 202
47　便利になった図書館が地域の拠点に……………………… 206
48　廃校となった校舎をはたらく場に活用しよう…………… 210

おわりに……………………………………………………………… 214
参考文献／図表出典………………………………………………… 216
著者紹介……………………………………………………………… 223

一人一人に合わせて
"はたらき方"を
変えてみよう

Chapter 1

think DIVERSITY

01

豊かな暮らしをつくる柔軟なはたらき方

何かが起きても大丈夫なように
いろいろなはたらき方を可能にしよう

　健康で十分に時間を確保できる人だけがはたらける社会から、みんなが一人ひとりの事情や健康に寄り添うようにはたらいていける社会に変えていく──。

　こんな思いを抱きながら、ワーク・ライフ・バランス（仕事と生活のバランス）に配慮したはたらき方を模索している人が増えています。

　子育てや親の介護、病気の治療と仕事の両立といった自分を含めた家族のケアのために、また自分を磨く学びや地域社会にかかわる活動をしていくために。

　私たちオカムラでも、持続可能なはたらき方とそのための環境のあり方を考えています。

　その中で私たち研究所では、あたらしいはたらき方に実際に取り組んでいこうと、オフィス以外の場所ではたらくテレワークの実験を行うことにしました。

　注目したのは場所と時間をフレキシブルに変化させられるはたらき方です。一人ひとりの生活スタイルや仕事のやり方に合わせて、オフィスと自宅、それ以外のワークスペースから場所を選び、それぞれが業務時間を最大2時間までシフトできるようにしました。

　その結果、通勤時間の分だけ早くから仕事を始めてお昼

休みを長くとり、別の用事をすませる人、朝のうちに通院をすませて仕事にとりかかる人など、それぞれに合ったはたらき方がされていました。

そして、仕事に対するモチベーションや効率も、テレワークによるフレキシブルなはたらき方によって向上したのです。

柔軟なはたらき方はみんなでつくり上げていくもの

マネージャーも参加したこの実験では、日常の業務報告はもちろん、考課面接などもウェブ会議で行いました。

仕事のコアとなるマネージャーのような立場にある人も、親の介護や体調不良などによって、いつ通常通りの出勤ができない状況になるかわかりません。

そんなとき、どのような手段によって仕事が継続できるかを考え、策を立てておくことはとても大切です。

そのためにも、会社でなければできない仕事のあり方を見直し、場所を選ばず、時間の融通もつけられる柔軟なはたらき方に移行できるよう、検討していく必要があります。私たちも実際にテレワークをやってみて、スムーズにウェブ会議を行うための資料共有の仕方や、離れた場所、異なる時間ではたらくメンバーとのコミュニケーションの取り方の工夫など、はじめて気づく課題が多くありました。

テレワークの有効性が期待される一方で、管理のしにくさや、業務の適正、環境整備や制度設計の難しさなどの課題もたくさんあります。
　それらを一つひとつ解決していくことが不可欠です。その上で、みんながより豊かにはたらける環境にするために、いろいろなはたらき方を模索し実践していきましょう。

02

通勤時間が
ワーク・ライフ・バランスを
左右する!?

通勤時間と
仕事の満足度の関係

「通勤時間さえなければ」と感じたことのある人は少なくないでしょう。それは職場と住居の近さが、ワーク・ライフ・バランスに密接に関係しているからです。

　スイスの研究者、アロイス・スタッツァーとブルーノ・フライによれば、通勤時間は20分では問題ないが、30分を過ぎると不満が募ってくるそうです。通勤に1時間かけている人の場合、職場に歩いて通える人と同程度の満足度を得るためには、歩いて通える人よりも40％多くお金を稼がなければならないとも言っています。

　つまり職住近接であるほど、満足度が得やすいのです。

　日本で考えてみましょう。通勤時間が長くかかることが理由で、短時間勤務制度を利用したり、ヘルパーを依頼したりして、子育てや介護をしている人もたくさんいるでしょう。

　通勤にかかる平均時間がもっとも長いのは、神奈川県の48分（もっとも短い宮崎県の17.7分の約2.7倍）。実に、1日あたりおよそ100分も通勤に時間を割いている計算になります。そこで、勤務時間をシフトすることによって柔軟にはたらける制度を整えると同時に、はたらく場所にも多様性を持たせてみてはどうでしょうか。

たとえば週数回だけでも、在宅ワークやサテライトオフィス、コワーキングスペースなど会社以外のはたらく場所で、通勤時間をかけずにはたらくことができる環境が整えば、ワーク・ライフ・バランスは格段に改善されるでしょう。

ワーク・ライフ・バランスは職住近接で向上する

　最近では、都会を離れて田舎での生活を望む人たちも増えています。
　故郷で介護をする必要がある人、生活費のかさむ都会での生活に疑問を覚える人などが、これまでの仕事を継続しながら地方での生活を実現できる状況も生まれています。
　限定された場所ではたらかざるを得なかった従来の状況が、情報技術の進化によって変化してきているのです。
　地方には過疎化により維持が困難な集落や、自治体そのものの存続が危ぶまれているところもあります。地方の社会を維持していくためにも、都会から地方への移住という方策は、重要でしょう。
　たとえば、都会と地方とに、複数の拠点を持ってはたらくことができれば、ワーク・ライフ・バランスも向上し、地方の活性化にもつながる大きな可能性がありそうです。

　また、職住近接を後押しする動きもあります。オフィス

の近くに住むことに手当をつけたり、自転車での通勤を認めたりしている企業があります。

　こういったオフィスでは、自転車置き場やシャワーブースを設けているところもあります。はたらく人の健康づくりを後押しする意味でもよい制度と言えそうです。

　みなさんはどれくらいの時間をかけてオフィスに向かっていますか？　通勤時間を短縮させることは容易ではないかもしれません。けれども会社以外の場所でもはたらくことができる環境が整えば、私たちはもっと豊かにはたらくことができそうです。

Chapter1　|人|人に合わせて"はたらき方"を変えてみよう　　　21

03

場所を変えて
はたらいてみよう

シェアオフィスとは一線を画す
コワーキングスペースとは？

　コワーキング（Coworking）とは、執務や会議、コミュニケーションのための空間を、さまざまな組織や立場の異なる人たちが共用しながらはたらく、あたらしいワークスタイルです。このスタイルを採用している人は「コワーカー」と呼ばれ、2000年以降、欧米を中心に増加傾向にあります。また、こうしたコワーカーがはたらくための空間、コワーキングスペースが世界中に立ち上がっています。

　日本でも2010年以降、コワーキングスペースが急激に増加しています。フリーランスではたらいている人や起業家の人たちだけでなく、組織に所属する人たちにとってもあたらしいはたらく場になっています。

　集中して仕事に取り組む場や、外部の人とつながる場として、コワーキングスペースを活用したあたらしいはたらき方が生まれています。

　ひと口にコワーキングスペースといっても、施設の形態はさまざまです。専用席だけでなくオープンなフリーワーク席を設け、固定会員だけでない時間貸し（ドロップインサービス）の利用者や、地域や住民に対して開かれた多様な人が訪れる、パブリック性の高いコワーキングスペースもあります。

会社として登記したり、安価にオフィスを借りたりするだけのシェアオフィスとは異なり、コミュニケーションに特徴があるのがコワーキングスペースです。

　そのため、出会いやコミュニケーションが生まれやすいように、サロンやカフェスペースを設けたり、会員間のコミュニティの形成や外部とのつながりを深めたりする、セミナーやイベントを行うところもあります。

コワーキングスペースの3つのポイント

　私たち研究所でも、調査のためにさまざまなコワーキングスペースを訪れました。その際に感じた空間のポイントをご紹介します。

　1つ目は「いすの座りやすさ」です。オフィスでは長時間座っていても疲れにくいタスクチェアを利用していると思いますが、コワーキングスペースでは、インテリアのデザイン性が重視されていることも多いため、長時間座り続けるには適さないいすもあるでしょう。長時間座ったままで仕事をするような場合には、適切に身体を支えるタスクチェアを選びましょう。その際、座の回転と上下する機能、背のリクライニング機能がついていることが、タスクチェアでは大切です。

　2つ目は「セキュリティの高さ」です。オフィスは限られた人で利用していますが、コワーキングスペースはさま

ざまな人たちが利用します。オフィスにいるときのように、パソコンを席に置いたまま席を外すことは望ましくありません。少しの席外しでも気兼ねなく、ノートパソコンなどを安全に管理できる環境が必要です。

　3つ目が「場の選択のしやすさ」です。オフィスを離れて仕事をする大きな目的に、はたらく環境を変えることによる気持ちの切り替えがあると思います。そのため、「集中・交流・リフレッシュ」といったトーンの異なる空間が混在するコワーキングスペースであれば、シーンに合わせて空間を選ぶことができます。

　場所を変えてはたらくことは、とても刺激のあるものです。その効果をみなさんもぜひ体感してみてください。

04
ここちよい
シェアワークのために
できること

少しの時間でも
緊張がほぐれる工夫をしよう

　24時間体制で業務が行われる仕事があります。代表的なものだと病院や警察、コンビニなどです。ハードな労働と思われがちなこれらのはたらく場は、どのような環境にあるのでしょうか？

　病院ではたらく医師や看護師について考えてみます。患者へのケアは昼夜を問わず、常に万全の態勢であることが求められます。医師は週に平均で約53時間はたらき、宿直をした翌日も通常通りの勤務を行っている割合が約９割という調査結果もあります。
　同じように、消防士や警察官なども、24時間勤務・非番・日勤・休日を繰り返す勤務となる場合があります。このように、１人の人が24時間はたらく場に滞在する場合もあるので、少しの時間でも緊張をほぐして、心身ともにリフレッシュできる空間の整備が大切です。

　24時間体制のはたらく場は、ほかにもあります。
　コールセンターなどでも、24時間受付というキャッチコピーを目にします。利用者にとってはとても便利なシステムですが、そこではたらく人たちにとっては、とてもハードな環境です。コールセンターは電話応対のため集中力も

必要なので、会話がスムーズに進むような場づくりも必要になってきます。

　こういった仕事では、多くの場合がシフト制の勤務なので、複数の担当者でシェアワークをすることになります。そのため、業務引継ぎの簡略化などの工夫が、はたらく人の負担軽減に役立ちます。

> シェアワークで
> 気をつけたい3つのこと

　24時間体制でシェアワークをしている場では、環境を整えるためのいろいろな工夫が必要になります。

　まずは食事の工夫です。休憩時間がばらばらになるため、リフレッシュルームにはいつでも温かい食事を準備して、はたらく人のモチベーションを上げている企業もあるそうです。温かいものを飲むとほっとするように、やはり食事は健康にはたらくためには欠かせません。
　そして、仮眠の場にも配慮しましょう。眠れなくても横になるだけで身体は休まります。いすの上で眠るのではなく、横になれる簡易ベッドやソファを設（しつら）えると、リラックス度が上がります。
　最後に、仕事をするデスクにも工夫が必要です。24時間体制のはたらく場では、昼と夜のはたらく人が同じデスク

を交代で使う場合が多いため、体格に合わせて天板の高さを調整できるデスクが効果的です。もちろん、いすも自分の体格に合わせて調整して座りましょう。

　勤務がハードなはたらく場では、はたらく人の負担を軽減できる場づくりの工夫をしてみてください。

05

上司と部下の関係を良好にするコツ

"邪魔するも助けるも上司"
だから場づくりが大切

　集中しているときは声をかけてほしくない。でも、困っているときは助けてほしい。少し都合がいい考えかもしれないですが、私たちはロボットではなく感情豊かな人間なので、やはりそう感じてしまいます。

　私たちオカムラはオフィスではたらく人を対象として、誰が仕事の生産性に影響をあたえるのかを調べるアンケートを行いました。
　すると、仕事を中断させる声掛けや電話をしてくるのは上司だと答えた人が73％にもなりました。上司の話し声がまわりから聞こえるだけでも、気が散ってしまうという結果もあります。「集中しなくては！」と思っていても、話し声が聞こえてしまうと、もしかして自分のことを話しているのかもしれないと、ついつい気になってしまうものですよね。

　そんなふうに、場合によっては邪魔と言われてしまう上司ですが、仕事でピンチに陥ったときに頼りになり、有効なアイデアや気づきをくれるのも上司です。邪魔と答えた人より多い81％の人が、上司を頼りにしていることもわかりました。協働するために欠かせない存在もまた、上司な

のです。そう考えると、お互いにはたらきやすい場をつくることが大切です。

４つの場をつくると
仕事も人間関係もうまくいく

　仕事の内容には、伝票処理や報告書作成、定例になっている会議などの「定型的な仕事」と、企画やブレインストーミングなどの「創造的な仕事」があります。仕事の進め方には、「集中（フォーカス）」と「協働（コラボレーション）」があります。

　これらの組合せで、４種類の場づくりを心がけてみてはいかがでしょうか。仕事の内容と進め方を整理して、はたらく場づくりを考えてみましょう。

「定型的な仕事×集中」では、１人になれる個室が適しています。電話や来客などからも隔離されることで、ストレスなく作業に集中できます。

「定型的な仕事×協働」には、かしこまった会議室ではない気軽に話せる身近なミーティングスペースを用意します。すぐにパソコンの画面をモニターに映すことができる環境を整えておくと、情報共有もスムーズにできます。

「創造的な仕事×集中」では、１人でリラックスして熟考できる個室や少し隠れたブースに、思考の広がりを呼び起こす窓やアイデアの原石を見つけられる本棚といったもの

◆ 仕事の生産性に影響を与える要素

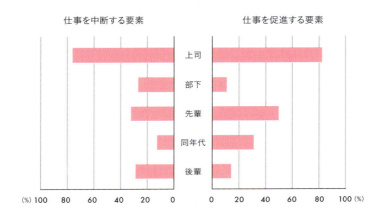

を置くといいでしょう。

「創造的な仕事×協働」には、何気ない会話からアイデアが湧き出すような開かれたスペースが必要です。自由に移動できるテーブルや、思いついたことをメモできるホワイトボードなどがあるとよいでしょう。

　上司と部下の関係性を常に良好にするためにも、どこで仕事をしているかを見るだけで、その人の仕事の状況がわかるような場をつくっていくことが重要です。

06
もっとあたりまえに なってほしい イクメンやイクボス

イクメンの前に立ちはだかる大きなハードル

「イクメン」という言葉をよく耳にするようになりました。男性の仕事は会社の中だけ、といったこれまでの認識を変えていくことの重要性が注目されています。

その背景の1つには、少子高齢社会において、女性の社会進出は不可欠ということもあります。男性と女性が共に活躍することが、これからの社会のあり方ではないでしょうか。

しかしイクメン、つまり男性の育児・家事参加には、大きなハードルがあるのが現状です。

夫の家事のやり方に納得がいかない妻が起こしてしまう「カジハラ（家事ハラスメント）」や、出産後の妻の不安定な気持ちに寄り添えず、夫婦関係が崩壊してしまう「産後クライシス」なども、大きな問題になっています。

これらのハードルを乗り越えていくための取り組みが、大切です。

それは制度を整えるという意味だけではありません。

たとえば、男性の中には、子育てに積極的にかかわりたくても育児休業などの制度を活用しにくい雰囲気や、周囲の人が残っていると退社しにくい空気を感じている人も少

なくありません。

　そこで、企業の経営者や上司、リーダーを対象に、ワーカーの育児参加に理解のある「イクボス」を増やす取り組みが進められています。このイクボスによって、育児休業の制度が本当の意味で生きてくると言えそうです。

> **西欧諸国にくらべて圧倒的に少ない
> 日本の男性の育児時間**

　今は2％に満たない男性の育児休業取得率を、2020年までに13％へ引き上げることや、育児・家事時間を1日2.5時間にすることなど、日本でも具体的な数値目標が掲げられています。

　これは、西欧諸国にくらべて、圧倒的に日本の男性の育児時間が短いことを受けてのことでしょう。

　また、厚生労働省では2013年から「イクメン企業アワード」を設けています。

　これは、男性の育児参加を積極的に促進して業務改善を図る企業を表彰することで、企業でのはたらき方を改革し、はたらきながら安心して子どもを産み育てることができる労働環境を整えることを狙いとしています。

　このような国としてのはたらきかけなどによって、育児参加やワーク・ライフ・バランスの向上を、経営戦略として捉える企業も増えています。

◆ 平日の育児時間

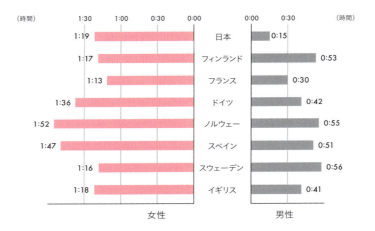

　男性の育児参加だけではなく、はたらきながら誰もが親の介護や勉強、社会活動があたりまえにできる社会を実現するために、今、私たちは変革のときを迎えているのではないでしょうか。

07

内向型も外向型も みんなが 活躍できる場を

はたらく場には
内向型も外向型もいる

　最近、はたらく場は一人ひとりがブースで囲われたデスクではなく、みんなで大型のテーブルを囲むスタイルが増えるなど、オープンな環境になってきています。それに合わせて、まわりの人との距離感も変化しています。

　人にはそれぞれ個性があり、好みがあります。まわりの人と積極的にコミュニケーションをとるのが好きで、自分の意見をまわりに伝えていきたい外向型の人もいれば、じっくりと静かに自分の考えと向き合って、ここぞというときに伝える内向型の人もいます。

　作家のスーザン・ケイン氏は著書の中で「集団にうまく調和したいと願う人間と、ひとりでいたいと願う人間がいるのだ。ずば抜けて創造的な人間は、後者に含まれていることがよくある」と述べています。

　内向型のリーダーには、マイクロソフトの創業者ビル・ゲイツやアップル・コンピュータを共同設立したスティーブ・ウォズニアック、世界中の人々の人権を守るために活動したファーストレディのエレノア・ルーズベルトなどもいるそうです。このように、内向型の人もたくさんいて、実際に活躍しているのです。

活躍している人は誰もが社交的で話上手な外向型だと感じてしまいがちですが、内向型の人はきちんと考えてから発言したいと思っているだけなのです。

みんなの能力を最大限に引き出すために

　実際に、私たちオカムラが行ったアンケートでは、オフィスではたらく人の63％が自分のことを内向型だと思っていました。内向型の人たちが過半数を占めているのです。

　そんな内向型の人は、オープンな環境が中心のはたらく場では少し無理をしていて、もしかすると能力を発揮できていないかもしれません。

　外向型、内向型の人たちそれぞれに、邪魔されることなく自分の仕事に専念したいと思うことがあるかを聞いたところ、「すごくある」と答えた内向型の人は58％にものぼり、それに対して、外向型の人は25％にとどまりました。

　また、1人で作業をしているとき、仕事内容によって作業環境を変えたいことがあるかどうかも尋ねました。すると、外向型の人よりも内向型の人のほうが「すごくある」と答える割合が多い結果となりました。

　オフィスの一角に少し囲われていて、こもることのできる「じっくり考えるための場」を設けて、内向型の人の個

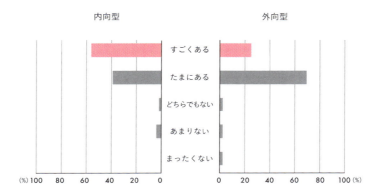

◆ 邪魔されることなく自分の仕事に専念したい
と思うことがある人の割合

性が活かせる環境も用意してみてはどうでしょうか。

　もちろんオープンな場にもよいところはたくさんあります。内向型の人も外向型の人も、個性を活かしてみんなが活躍できる環境をバランスよく整えていきたいですね。

08

望み通りの席で
はたらくと
やる気が出る!?

気分や仕事に合わせて選べるように多様なタイプの席をつくろう

「月末の伝票処理があるので、いつもより広いデスクが必要」「1人で集中して作業をしたいので、まわりから話しかけられない場所にいきたい」など、その日の仕事の内容に合わせてどこに座るかを決めたい、ということはありませんか？

　固定席があたりまえだったオフィスですが、決められた席で作業するだけでなく、状況に合わせて個人が席を選ぶことの大切さも注目されています。
　席の選択性を高めるには、画一的ではない多様なタイプの席を設けておくことが大切です。

　そこで私たちの研究所では、個人で自由にはたらく席が選べるフリーアドレスのオフィスが個人作業にあたえる影響について、アンケート調査を行いました。
　その結果、仕事の内容やその日の気分に合った「座りたいと思った席」で仕事ができた人は、そうでない人よりも仕事へのモチベーションが高くなっていることがわかりました。さらに、それは創造性や効率などにも影響していました。

◆ 座りたい席に座れたかどうかが仕事にあたえる影響

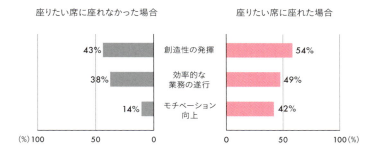

　ワーカーが席を選んだ理由では、1位がデスクのサイズやいすのタイプなどの家具が業務に適していること、2位は外光が入り屋外が見えること、3位は周囲に人が少ないこと、が挙げられました。
　個人で自由に席が選べるといっても、いつでも座りたい席が空いているとは限りません。しかし、座りたい席に座れた場合のほうが、仕事によい影響をあたえます。

　限られたスペースの中でも、1人で集中できる席、まわりと情報交換ができる席、外が見える席など、なるべく多様なタイプの席をつくってワーカーが主体的に選べるようにすることで、モチベーションアップを図ってみるのはどうでしょうか。

自己裁量を増やすと
個性や創造性を発揮できる⁉

　ワーカー個人と組織のパフォーマンスについても調べました。

　その結果、オフィスのレイアウトや家具、機器やシステムを有効利用していると考えているワーカーは、自ら他のワーカーへ情報提供をするなど、組織に貢献しようとする意識が高いことがわかりました。

　また、ワーカーが自分の個性や創造性をさらに活かすためには、個人の意識・行動・能力や、はたらく場所・時間の柔軟性などに自己裁量を求めていることもわかっています。

　これらの結果を受けて、私たちのオフィスでは現在、フリーアドレスと固定席の両方をうまく使い分けています。

　大切なのは、そのときの仕事に合わせて環境を選べるようにすることではないでしょうか。

09

ユニバーサルデザインを次なるステージへ

同じものを多様な人が使えるためのデザイン

　力を入れなくても開けやすい蓋や、握りやすい手すり、誰もが使えるトイレなど、身のまわりのもののやさしさに気づくことはありませんか？
　この背景にはユニバーサルデザインがあります。
　身のまわりのものや空間などを、できる限り多くの人が利用できるようにデザインすることが、ユニバーサルデザインです。
　私たちオカムラの製品でも、ユニバーサルデザインを実践しています。たとえば、上下左右の４方向どこを操作しても開けることができる「マルチアクセスハンドル」という把手(とって)です。この把手を採用した収納キャビネットは、使う人の状況に応じて、高い位置では把手の下部に、低い位置では把手の上部に、左右の利き手も問わず、軽く手をかけるだけで開けることができます。
　高齢社会が進む中で、また2020年にオリンピック・パラリンピックを控え国際化も注目される中で、生活の中にある物理的な障壁のみならず、社会的、制度的、心理的なバリアを取り外そうという気運が高まっています。

　こういったものや製品だけでなく、空間や情報発信など、さまざまな視点でユニバーサルデザインを実践してい

くことが大切です。より直観的でわかりやすい環境づくりも求められます。

ユニバーサルデザインは
ダイバーシティを実現するステージへ

　移動を例に考えてみましょう。
　東京の交通網は世界ナンバーワンと言えるほど高度に発達しています。
　その半面、複数の路線が交わる駅での乗り換えは、東京で暮らす人でも戸惑ってしまいます。まして、日本を初めて訪れる外国人や車いすの方などはどうでしょうか。
　1つの路線を使うときは階段やエスカレータを使わずにエレベータで移動することができるようになっていても、路線を変えて乗り換えなければならないときには、エレベータでのアクセスが断絶されてしまうことは少なくありません。駅全体、都市全体でのアクセシビリティの確保を考えていく必要があります。そして、そのアクセシビリティはサインとして誰にでもわかるように、ピクトグラムなどで工夫をすることも大切です。

　1985年にアメリカのロン・メイス博士によって提唱され、認識が育まれてきたユニバーサルデザイン。
　高齢化と国際化、そして多様性を認め合う社会をつくっていく中で、物理的な配慮だけでなく、性別や宗教、生活

習慣の違いなどに合わせて心と身体の健やかさを実現していく視点が、これからさらに大切になっていくでしょう。

　ユニバーサルデザインは、それぞれの個性を尊重し、それを受け入れる環境をつくる、1つ上のステージへ進む段階に来ているのです。

10

"ワーク・ダイバーシティ" を実現していくために

多種多様な生き方・はたらき方が
ワーク・ダイバーシティで可能になる

　ダイバーシティという言葉は聞いたことがあると思います。人種や性別、年齢、病気や障害の有無、ライフスタイル、仕事に対する価値観など、人はみんな違っていて、多様性があることがダイバーシティです。

　私たちオカムラでは、「ワーク・ダイバーシティ」というキーワードで、はたらく環境の中でダイバーシティをどのように実現していくかを考えています。

　日を追ってはたらく人の多様化は進んでいます。多種多様な人たちが、ストレスを感じないはたらき方ができるようになるためには、ワーク・ダイバーシティをみんなが身近に感じることが、第一歩になります。

　自分のライフステージで想像してみるとわかりやすいでしょう。海外赴任、転職・離職、単身、子育て、介護など、人生にはさまざまな状況があります。

　いつ病気やけがをするかもわかりません。

　子育てや介護は、男性も女性も担うものです。

　退職後もはたらき続け、高齢者となっても社会とつながることも大切です。

　グローバル化によって外国人ワーカーも増え、国や文化、言語の違いを超えてビジネスをする人も増えるでしょう。

こういったさまざまな状況に対応できる社会にするためにも、ワーク・ダイバーシティという考えをもっと広げていきたいと思っています。

ワーク・ダイバーシティを実現する あたらしいはたらき方

では、お互いを理解してサポートし合いながらはたらくことができるワーク・ダイバーシティは、どのようにしたらつくれるのでしょうか。

ワーク・ダイバーシティを認めるためには、経営者や上司・リーダーがはたらく人の多様性を受け入れて、マネジメントすることも重要でしょう。

フレックスタイム制度を整える企業も増えています。時間によってオフィスにいる人数にばらつきがでるため、自由に席を選ぶことができるフリーアドレス方式が効果的です。そうすることでオフィスの空間を効率的に使えるだけでなく、不在にすることによる心理的な気まずさや、席にいつもいなければいけないという気持ちも軽減されます。

テレワークでは、情報技術を活用して、時間や場所にとらわれないはたらき方ができるようになります。子育てや介護で身動きしにくいときにも、オフィス以外ではたらくことで、少しでも気持ちの余裕が持てるかもしれません。

同じように、シェアワークも時間をコントロールして仕

事を分担し合うことで、子育てや介護などと仕事の両立をサポートできます。

　ワーク・ダイバーシティの実現のためには、「時間」と「場所」がキーワードになります。これからの未来を見据えて、一歩進んだはたらき方を実践してみませんか。

みんなの
ちょうどよい
"距離感"をつくろう

Chapter 2
think COMMUNICATION

11

つながりを
深めるための
3つのステップ

"自己紹介→朝礼→勉強会"で広がるコミュニケーション

　企画書に載せるデータが、探しても探しても見つからない。知っていそうな同僚や上司、部下に聞いても見つからない。諦めかけていると、隣に座っていた他部署の人が知っていた。みなさんにはそんな経験はありませんか？

　私たちオカムラも実践している席を自由に選べるフリーアドレスのオフィスでは、誰がどのような仕事をしているのか、情報共有が行き届かない場合があります。特に複数の部署が同じオフィスで一緒にはたらいている場合は、その傾向が強くなります。

　情報を持っている人に、どうしたら気づくことができるのでしょうか。そのためには、普段からのコミュニケーションが大事になります。私たちのオフィスでは、3つのステップでコミュニケーションを生み出す仕掛けをしています。

　1つ目はデジタルフォトフレームによる自己紹介です。一緒にいるメンバーの自己紹介コンテンツを、デジタルフォトフレームで流しています。フリーアドレスのオフィスであるうえに、人の異動も起こると、一緒のオフィスではたらいているのに顔と名前が一致しないということもあ

◆ はたらく場のつながりを深める３つのステップ

	Step1	Step2	Step3
共有する ポイント	メンバーの顔と名前	最近気になること	仕事・プロジェクト
オカムラでの 取り組み事例	デジタルフォトフレームで自己紹介のコンテンツを流す	毎週1回、当番制で朝のスピーチをする	定期的に当番制で朝の勉強会を開催する

るでしょう。

　休憩時間や気分転換などで好きなときにデジタルフォトフレームをのぞきこむことが、メンバーの趣味や好みを知るきっかけになっています。

　２つ目は、モーニングカップと呼んでいる毎週１回の朝礼です。このモーニングカップでは、その日の担当者がそのときに気になっていることなどテーマを自由に決めて、５分間のスピーチをします。このような仕事に直結しない内容も、つながりを深めるきっかけになります。

　３つ目が勉強会です。部署を超えた仕事に関する情報共有につなげるために、定期的に朝の勉強会を企画しています。各部署が持ち回りで担当し、テーマは部内で選んで、

15分程度でプレゼンテーションをします。朝の短い時間であれば、人も集まりやすく出席率もあがります。もちろん、強制参加ではありません。決まっているのは「仕事に関する内容」を紹介するということ。そうすることで、その後の仕事の中で役立つつながりができていきます。

３つのステップを効果的に行うための空間の工夫

　スピーチや勉強会を行うためには、全員が集まれる広いスペースがあることがベストですが、デスクと廊下だけの空間でも少しゆとりがあれば行えます。さらに、大きな画面に資料を映すことができれば、情報共有も格段にしやすくなります。

　隣に座っているからといって、仕事の内容まで自動的にわかるわけではありません。しかし同じオフィスで仕事をしている人たちがお互いの状況を知っていれば、仕事の効率化が図れ生産性もあがるでしょう。
　また、困っている人に自然に声掛けがしやすくなり、助け合うことができます。仕事だけではなく、メンタルヘルスの視点からも効果的です。
　まずは簡単にできる３つのステップで、つながりを深めていきましょう。

12

仲良く使える
テーブルのかたち
を考えてみよう

無意識のうちに
人は"自分の領域"を持っている

　電車の座席や公園のベンチには、１人分のスペースがわかるようにデザインされているものがあります。
　しかしそうではないケースも多々あります。たとえば、オフィスの会議室などで大きなテーブルを複数人で共用しているとき。いったいどこまで自分のものを置いていいのかわからない……。
　そう感じたことがある人も多いのではないでしょうか。

　そこで、私たち研究所は徳島大学の掛井研究室と一緒に、領域の感じ方について研究を行いました。
　意外に思われる方がいるかもしれませんが、私たちは無意識のうちに自分のスペースだと思う領域を持っていることがわかりました。
　実験は２人用のテーブルに２人で並んで座って行いました。１人は考える作業を行います。そして隣に座ったもう１人が、テーブルのさまざまな位置にスマートフォンほどの大きさのものを置いていきます。
　このとき、考える作業を行っている人が、気になったかどうかを調べました。
　すると、座っている席の近くには「他の人が入ってくると気になる」領域が生まれ、席の遠くには「他の人が入っ

てきても気にならない」領域が生まれていることがわかりました。

少しカーブになっているだけで
領域の感じ方がまったく異なる

　興味深いのは、その領域の感じ方が、テーブルのかたちによって違っていたことです。
　座る側が直線になっているテーブルでは、「他の人が入ってくると気になる」領域が広く、座る側が曲線になっているテーブルではそれが狭くなっていました。
　少しカーブになっているだけで、共有スペースが広くなっていたのです。

　企業や大学・学校でもグループワークを行う場が増えています。そのような空間では、一般的な長方形のテーブルではなく、台形やひし形など多様なかたちのテーブルを積極的に利用する事例が増えています。
　グループで一緒にテーブルを使うときには、カーブのあるテーブルだと共有スペースを広く感じられてよいでしょう。
　なぜなら、今回の実験でもわかった通り、カーブのあるテーブルは、一緒に使っても気にならない領域を広くとることができるため、ストレスを感じることなくグループワークを行うのに適していると言えるからです。

また、円形テーブルだと円満に話ができるとも言われています。上座や下座がないといったことだけでなく、私たちが無意識に持つ領域感に影響をあたえ、スペースは分け合うものという気持ちが生まれやすいのかもしれません。

座る側が曲線のテーブル

共有スペース

座る側が直線のテーブル

共有スペース

13

5人グループの
ちょうどよい
距離感とは？

適正なコミュニケーション領域でグループワークを進めよう

「３人寄れば文殊の知恵」と言いますが、１つのグループは何人がいいのでしょうか？

４人では意思決定のときに２対２という構図になりやすく、６人以上では人数が多すぎて、話し合いのときからグループがわかれてしまうと言います。

そうすると、１つのグループは５人が最適なのかもしれません。

そこで、私たち研究所はこの５人のグループに着目して、グループワークに適したテーブルの大きさやかたちについての実験を、東北大学の本江研究室と一緒に行いました。

最初に複数のグループに、５人で作業をするには大きすぎるテーブルを使ってもらい、その経験からどのようなかたちや大きさのテーブルで作業をするのがいいかを考えてもらいました。

すると、思い思いのとても奇抜なかたちのテーブルが提案されました。四角形のいわゆる普通のかたちのテーブルは１つもなく、曲線が多用されたとても自由な発想のかたちでした。

しかし、さまざまなかたちにも共通した法則があることがわかりました。メンバーの頭の位置を結んで囲んだ「コミュニケーション領域」についてです。

5人のコミュニケーション領域はおよそ2㎡

　天井にカメラを取り付けて5人のメンバーの活動を撮影した画像を分析してみました。すると、大きすぎるテーブルで作業をしたときに、5人のメンバーはテーブルの隅に集まったり頭を寄せたりして、ほかのメンバーとの適度な距離感をつかんでいたことがわかりました。

　次に5人で作業がしやすいテーブルを考えてもらったところ、テーブルのかたちはグループによっていろいろでも、どのグループも同じ「コミュニケーション領域」でつくられていたのです。
　5人での「コミュニケーション領域」はおよそ2㎡で、円形にすると直径約1.6m、正方形では一辺が約1.4mの大きさになります。5人で一緒に作業をするときには、この大きさを目安にテーブルを選んでみてください。

　グループの人数によって、この「コミュニケーション領域」は変化します。
　伸び縮みするテーブルはなかなかありませんが、人数の

変化に対応して組み合わせて使うことができるテーブルや、座る位置を柔軟に変えられるテーブルは、適正な「コミュニケーション領域」をつくることができ、グループの盛り上がりに一役買いそうです。

14

パネルの高さと
デスクのかたちを
味方にしよう

集中とコミュニケーションを
両立させるパネルの高さ

　みなさんがはたらくときに使っている一番身近なツールの1つは、デスクでしょう。そのデスクにとって重要な相棒となっているのが、まわりとの仕切りをつくるパネルです。このパネルに注目してみましょう。

　仕事に集中することと、まわりの人とコミュニケーションをとることを両立させる、デスクまわりの空間づくりにパネルは有効です。

　デスクを向かい合わせに並べる対向式のレイアウトでは、中央にパネルを設けることが一般的です。パソコンなどで集中作業をするときには視線を下げ、向かいに座っている人とコミュニケーションするときには、視線を上げています。

　そのとき、パネルの高さが大きな影響を及ぼします。では、このパネルの高さはどの程度が適切なのでしょうか。

　実際に、私たちの研究所でパネルの高さの違いについて調査をしました。

　通常のデスクワークでは、パネルの高さは20～40cm（床上90～110cm）程度が適していました。

　向き合って座っている相手の手元は見えず、上半身が見えるのが20cm、顔が見えるのが40cmです。

正面の人とのコミュニケーション頻度が比較的少ない場合では、パネルの高さは30〜50cm（床上100〜120cm）ほどでも適します。50cmが向き合って座っている相手の一部が見える限界の高さになります。

　どのような仕事をするときでも、集中とコミュニケーションは不可欠な要素です。はたらく人や組織にとって有益な集中とコミュニケーションを、バランスよくサポートする空間づくりのためには、パネルの高さも大切な要素と言えます。

シーンに合わせて デスクのかたちを選んでみよう

　またデスクのかたちと大きさに注目して調査をしたところ、オフィスで利用されているデスクの85％が長方形でした。大きさは120〜140cm幅が60％を占めています。
　取り組んでいる仕事は職種などによって多種多様であるにもかかわらず、一人ひとりのデスクを見ていくと、同じようなかたちと大きさをしていたのです。

　一方で、自分に合った席を自由に選んではたらくフリーアドレスのオフィスを対象に行った調査では、三角形などの長方形以外のかたちも多く見られました。
　自分に合った環境を選べたり、シーンに合わせて環境を

変化させたりすることが創造性に影響するように、デスクのかたちに多様性があると、固定観念に縛られない自由な発想が浮かびそうです。

　パネルの高さとデスクのかたち。身近なツールだからこそしっかり考えて、自分たちのはたらき方に最適な環境を設えていきたいですね。

◆パネルの高さと相手の見え方

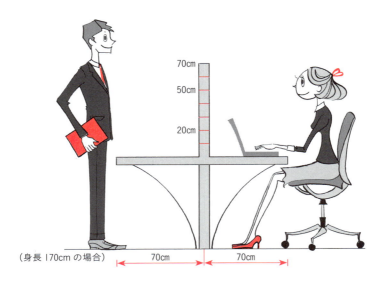

（身長170cmの場合）

70cm：座っていると正面に立っている相手はほとんど見えない

50cm：向き合って座っている相手の一部が見える

20cm：向き合って座っている相手の上半身は見えるが、手元は見えない

15

会話の秘密を守る
マスキングのしくみ

スピーチプライバシーを守る
ＡＢＣルール

　スピーチプライバシーという言葉を耳にしたことがありますか？

　会話の秘密性を表す言葉で、まわりの人が会話しているのはわかるけれど、内容までは理解できない状態のときに「スピーチプライバシーが高い」と言います。この考え方は、秘密保持の視点に限らず、はたらく場の音環境を考えるときにとても役立ちます。

　はたらく場のスピーチプライバシーを改善する場合、「ＡＢＣルール」と呼ばれる手順に合わせて対策を行いましょう。

　Ａは吸音材の充填や吸音パネルを設置するなどの「Absorb（吸音）」、Ｂはより遮音性能の高い壁への交換などの「Block（遮音＝建築的遮断）」、そしてＣは「Cover up（マスキング）」を指します。

　オフィス環境の最適な音レベルは、40〜50dBと言われています。これはひそひそ声のおしゃべりが聞こえるくらい、感覚的にやや静かと感じるくらいとされています。一般的な人の話し声は60dB程度、怒鳴り声で80dB程度と言われているので、快適にはたらくためには20〜40dBほど

レベルを落とす対策が必要です。
　ＡとＢで行う「吸音」と「遮音」では、壁や間仕切りの変更など大規模な工事が必要になる場合も多く、簡単には対応できません。
　そこでＣの「マスキング」について考えてみましょう。

> 特殊なノイズ音を流すことで
> 他の人の会話を聞こえづらくする

　その前に、ここで少しだけ、音についておさらいをしてみます。音は空気が震えることで起こる振動波です。この波の振幅が大きければ大きい音に、振動回数が多ければ高い音になります。
　人の聴覚は高さが近い音が同時に聞こえると、小さいほうの音が聞こえづらくなります。マスキングはその聴覚の特性を利用したもので、特殊なノイズ音を少し大きめのボリュームで流すことで、ほかの人の会話を聞こえづらくする手法です。

　その半面、マスキングではノイズ音が耳についてしまうと、不快に感じることがあります。
　そこで私たちオカムラでは、独自のマスキングシステムをつくりました。そのノイズ音は余分な高音をカットして、人の声に近く不快感の少ない音になっています。間仕切りにスピーカーを内蔵して、会話の内容を聞かれたくな

◆ マスキングシステムによる
　会話音漏れの聞こえ方の違い

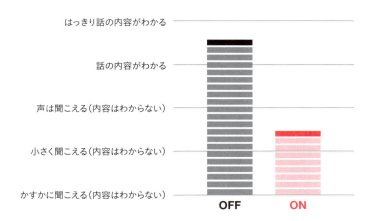

い（聞きたくない）場所にノイズ音を流します。

　このマスキングシステムの効果の検証も行い、ほとんどのワーカーから「会話の音漏れが気にならなくなった」と評価されました。

　はたらく場では、隣の会議室で「会話していることはわかるけれど、その内容まではわからない」ということが大切です。

　マスキングでスピーチプライバシーを守ってみませんか？

16
"トイレット・コミュニケーション" をはじめよう

いろいろな機能を持ち始めた あたらしいトイレ

　トイレは誰もが1日に何度も使うスペースです。そのトイレを生理的に不可欠な場としてだけではなく、多彩な活動のための場にできれば、「トイレット・コミュニケーション」とも呼べるあらたなコミュニケーションがはじまるのではないでしょうか。

　実際、いろいろな工夫がされたトイレは増えてきています。イメージしにくいかもしれませんが、「少し遠くてもあのビルまで行って、きれいなトイレに入りたい」と思う人も多いのではないでしょうか。それは最近の駅や百貨店のトイレがとても清潔で、内装もスタイリッシュだからでしょう。

　さらに赤ちゃんのおむつ替えをするスペースも、女性・男性どちらのトイレにも設置されるようになってきました。トイレの横には授乳室が併設され、その前には待つためのスペースもできています。
　着替え用の折りたたみ式のボードを設置するトイレも増えているようです。たった1枚のコンパクトなボードにもかかわらず、靴を脱いで着替えたいとき、幼い子どもを着替えさせたいときなどに重宝されます。車いすを利用して

いる方やオストメイト対応のトイレも増えてきています。性別に関係なく使えるジェンダーフリートイレなどもあります。

学校やオフィスでも
トイレがコミュニケーションの場所になる

　このようにトイレの利用法が拡大する中で、取り残されているのは、学校のトイレなのかもしれません。学校には家庭ではあまり見られなくなった和式の便器が多く、床も水で清掃する湿式タイプのままで、「きたない、怖い」とトイレを使うことに抵抗感を持つ子どもも少なくありません。そのためにトイレに行くのを我慢してしまい、健康面にも悪い影響をあたえていると言われています。

　最近ではこのような学校のトイレの課題も少しずつ注目されはじめ、子どもたちが安心して使え、さらにコミュニケーションの場にもなるように、向かい合わせで会話がはずむ手洗い場としたり、トイレブースをカラフルにしたり、さまざまな工夫がされるようになってきました。

　もちろん、オフィスビル、病院、図書館なども、それぞれ趣向を凝らした作りのトイレになってきています。トイレの入口にいすやソファを置く、大きな鏡といすのあるパウダールームを用意するなどもよい例と言えます。

　オフィスビルなどでは、偶然出会った相手とのおしゃべ

りなどで、ふとした情報交換の場になることもあるでしょう。トイレット・コミュニケーションは、はたらく人に大きな影響をあたえそうです。

　トイレの場づくりにちょっとした工夫を凝らすことで、コミュニケーションの場としてトイレが生まれ変わるかもしれません。

17

ひと手間加えると
出会いが孵化する

出会って生まれる
コミュニケーション

　いろいろなことの手間と時間が省かれ便利になっている現代ですが、その一方で、これまでのような人との触れ合いは少なくなってきています。その状況はオフィスの中でも同じです。

　そこで、オフィスでのコミュニケーションに着目して、私たちのオフィスで実践している"カフェ"についてご紹介します。
　コーヒーなどのドリンクサービスがあるカフェカウンターの空間です。
　このカフェで行われるコミュニケーションについて、私たち研究所は早稲田大学の佐野研究室と一緒に調査を行いました。
　カフェであらかじめ用意されているコーヒーをサーバーからカップへ注ぐだけであれば、滞在時間は30秒で終わってしまいます。実際、カフェにいる平均滞在時間は30〜40秒と、ほとんどが1分未満でした。
　このような30秒ほどの滞在では、ワーカー同士の出会いはほとんどありません。
　しかし40秒以上の滞在では、ひとたび出会うと、およそ50％の割合で会話が生まれていたことがわかりました。

つまり、カフェで出会い、コミュニケーションにつなげるためには、カフェでの滞在をもう少し長くして出会いを増やすための工夫が必要なのです。

◆ カフェでの会話発生の有無

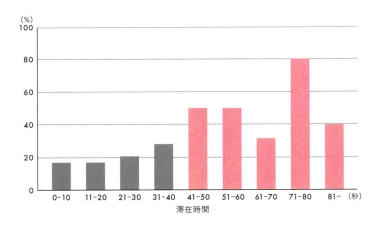

```
会話が生まれるための
ちょっとした工夫
```

　私たちのオフィスでは、カフェに立ち止まりやすくするためのちょっとした工夫をしています。
　出張で買ったお土産やお茶菓子、イベントの案内や雑誌などを置くこともその工夫の1つです。

また、オフィスのメンバーの自己紹介コンテンツを流すデジタルフォトフレームを置いて、仕事では接点のないメンバーのことも知ることができるようにしています。
　1人でもその場にとどまりやすいように工夫をし、滞在時間を長くすることで、次に訪れる人との出会いや会話が生まれる確率が高まります。

　また、あえてアナログでひと手間かける時間も1つの工夫になります。コーヒーが好きな人たちは、お気に入りの店から取り寄せた豆を挽き、ハンドドリップでコーヒーを淹れています。ゆっくりと落ちていくコーヒーとの時間は、会話をともにする朝のひと時になっています。

　コーヒーに限らず、一緒にとる昼食や同好会でも、それぞれの興味があることに手間や時間をかけることで、組織のコミュニケーションを豊かにはぐくんでいきたいですね。

18

正面で向き合うと
会話が多くはじまる

会話が生まれるのは こんなとき

　生活をする中で前触れを感じることは、たくさんありますよね。心の準備ができたり、適切な行動がとれたり、前触れはスムーズなコミュニケーションにもつながっています。四季の変化が豊かな日本では、季節の移ろいを感じる中で、変化の兆しを感じやすく、気持ちを推し測る文化を持っているのかもしれません。

　コミュニケーションが起きるとき、人間はどんな行動をとっているのか、私たちの研究所で調査を行いました。
　すると、3つのことがわかってきました。

　①会話が起きるときその前触れとして、話しかける「相手」を見ている。

　②話しかけたい「相手」を見るという行動が多く起きたのは、話しかけようとした「本人」が移動しているとき。「本人」が「相手」に話しかけるために移動する場合だけではなく、移動していてたまたま「相手」が視界に入るという場合もあるでしょう。移動は視界を変化させるという点で、コミュニケーションが起きるきっかけをつくる行動と言えます。

さらに次のようなこともわかりました。
　③話しかけられる「相手」が集中作業をしているときには、あまり会話が起きていない。
　つまり、「相手」の集中を邪魔しないように、話しかけるタイミングをみていることがわかります。

「本人」が手に何も持たないだけではなく、気持ちも手ぶらといえるような状態のときに、話しかけてもよさそうな相手がいれば、会話は生まれやすい——。
　考えてみればあたりまえかもしれません。話しかけられる「相手」が何か飲んでいたり、食べていたり、ひと目でひと息ついている状況だとわかると、声をかけやすいものです。
　まとめると、会話に発展することが多かったのは、話しかける「本人」が手ぶらで移動し、話しかけられる「相手」は席で移動している人のほうを向いて、業務に関係のないものを持っているような状況だったのです。

> **オフィスにおいて**
> **正面から相手の様子がわかることは重要**

　ここでポイントなのが、正面から話しかけてくる人の様子がわかるということです。
　集中してはたらく環境は、後ろからのぞきこまれない空

◆ 会話をはじめるときにとっていた姿勢

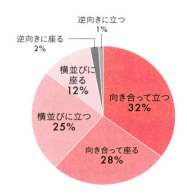

間づくりが大切だと言われています。

　後ろから不意に声をかけられるのではなく、正面から視線を察知できることで、話をスムーズにはじめられたり、状況によってはあえて視線をかわしてそのまま集中作業を進めることもできます。正面から相手の様子がわかることは、コミュニケーションにおいてはとても重要なのです。

　たまには「手ぶら」でオフィスを「ぶらぶら」してみませんか。きっといつも以上に会話が生まれ、オフィスの雰囲気がよくなったり、あたらしいアイデアが浮かんだり、よい方向に仕事が進んでいくかもしれません。

19
オフィスに カフェをつくる際の ちょっといい話

"常に人がいる"ようにしたほうが
コミュニケーションは増える

　オフィスにカフェスペースがあるとコミュニケーションも増え、リラックスした雰囲気ではたらく人のストレスもやわらげてくれるような気がします。

　私たち研究所は早稲田大学の佐野研究室と一緒に、カフェのような場所ではたらくことの効果について、調べてみることにしました。

　注目したのは、「オフィスにカフェを併設しているだけの場合」と「オフィスに併設したカフェの中でも仕事ができるようにしている場合」とで起きる、コミュニケーションの違いについてです。

　その結果、カフェだけの空間よりも、はたらいている人がいるカフェのほうが、出会いの回数は約25％増え、会話の回数は約50％増えていました。

　休憩するときにだけ使うカフェの空間では起こりにくかった3人以上の会話や、連続した会話のやりとりも起きるようになり、常にカフェに人がいることが会話を活性化させるポイントにもなっていました。

　オフィスにカフェがあっても、仕事を離れての長居はしにくいですよね。カフェの中でも仕事ができれば、時間を気にすることなく、自分の状況に合わせて、仕事を進めた

り、カフェで起きているコミュニケーションに加わったりして過ごすことができます。

> **オープンな空間ではたらきたい人にも
> オフィスのカフェスペースはちょうどよい**

　原稿を書く場所はもっぱらファミレスだという小説家もいますが、仕事や勉強もファミレスやカフェなど少しざわついている空間のほうが、静寂な空間よりも集中しやすいと感じる人も多いと思います。
　カフェを利用する人の出入りや耳に入るちょっとした会話もよい刺激となって、意識しないうちに上手に気分転換ができているのでしょう。

　集中して仕事をする静かな場だと、会話を始めるタイミングがなかなかつかめないものですが、人の出入りがある空間では会話のタイミングが生まれ、コミュニケーションにつながります。
　仕事ができるオフィスのカフェスペースは、オープンな空間で集中するほうが好きな人にとっても、オフィス全体のコミュニケーションを活性化させるためにも、重宝する空間になります。

　オフィス家具にはソファの背もたれが高く、囲われた空間をつくるファミレスによく見られるソファも登場してい

ます。

　カジュアルな雰囲気の中ではたらくオフィスのカフェ化や、居心地のよさを感じながらリラックスしてはたらくオフィスのリビング化は、あたらしいオフィスづくりのキーワードの1つになっています。

　ソファの座りやすさや、仕事がしやすいテーブルといすの高さの関係、適切な照度や電源の確保など、はたらくカフェの空間づくりには配慮するポイントもたくさんあります。

　オフィスにカフェをつくる際には、ひと息つくことも、集中して仕事をすることもできるようなカフェに、ぜひしてみてください。

20
行動観察で見える私たちの未来のはたらき方

レイアウトの工夫で
オフィスの会話は増える

　どのような空間がよい空間なのか、判断することは容易ではありません。そこで私たちオカムラは、オフィスや病院、学校などいろいろな空間で、利用している人に満足している点や不満な点を聞くアンケート調査をしたり、実際に使っているところを観察したりしています。

　早稲田大学の佐野研究室と一緒に行った調査では、オフィス内にカメラを設置し、さらに調査員がオフィスで起きているやりとりを記録する行動観察調査を行いました。

　「オフィスの中の移動が増えると、そこではたらく人たちの会話が増えるのではないか？」ということに着目して、オフィスの通路を調査してみました。すると通路を通る回数が増えると、会話の発生回数も増えることがわかりました。
　そこで、さらにオフィスの中で人が集まるコピーコーナーやカフェコーナーが、メイン動線にある場合とない場合とを比較することにしました。
　メイン動線にある場合には、通路を通る回数が約17回で1度の会話が発生していました。メイン動線にない場合には、約33回で1度でした。
　メイン動線に人が集まるコーナーがあると、会話の発生

回数がほぼ倍になっていたのです。

　オフィス空間づくりにおいても、ぜひ参考にしてみてください。

未来の行動観察で変わる
私たちのはたらき方・空間の使い方

　このように、行動観察をすることで明らかになることはたくさんあります。しかし、調査員には大きな負荷が伴います。

　そこで、情報技術を活用したあたらしい調査手法が注目されます。

　私たちオカムラのオフィスでは、座っている状況を自動的に記録できる着座センサーや、人の移動を感知し記録できるシステムなどを活用して、調査を進めています。

　体格をセンシング（センサーを利用して計測）し、適切なテーブルの高さを自動設定できるあたらしい家具など、より快適に、より健やかにはたらけるための家具開発にも取り組んでいます。

　健康診断も、将来はオフィスで毎日行うものになっているかもしれません。毎朝全身のスキャニングを行い、そのデータを活かして、コンディションに合わせた空間が自動設定され、より快適にはたらくことができる、そんな環境

が実現しているかもしれません。

　そう考えると、情報技術は私たちのはたらき方の未来も大きく切り拓いていきそうです。これまで見えなかった事実や将来予測ができるようになったとき、私たちのはたらき方、そして空間の使い方も変化していきそうですね。

よりよいアイデアを生む"創造性"を高めよう

Chapter 3
think CREATIVITY

21

アイデアがひらめきやすい場所はどこ？

意外⁉
アイデアはオフィスの中でもひらめいている

「馬上・枕上・厠上の三上」という故事があるように、移動しているとき、寝床にいるとき、トイレにいるときといった、ふとしたときに、いいアイデアが浮かんでいるような気がします。

はたしてこの感覚は正しいのでしょうか？

アイデアが多くひらめく場所について、私たちの研究所は調査をしてみることにしました。すると、「オフィス内」と答えた人が約53％を占めていました。

それでは、オフィス内のどこでひらめいているのでしょうか。調査では、「自分のデスク」と「会議室・ミーティングスペース」の割合がもっとも高くなっていました。「ほかの人のデスクのまわり」も高く、デスクまわりでのコミュニケーションもひらめきに影響しているようです。つまり、人と触れ合う中でアイデアをひらめかせているのですね。

そして、通路やリフレッシュスペース、喫煙室といったオフィスの中での「三上」と呼べるような、仕事から少し離れた空間でもひらめきは起きていました。

想像していた以上に私たちは、オフィスの中でひらめいているようです。思い返してみれば、1日の中で多くの時間を過ごしているオフィス。ひらめく割合が半分を占めるというのも、頷けることかもしれません。

広がりのある空間にいるとアイデアがひらめきやすい

　ひらめきが増すための空間づくりのポイントも、いくつかわかりました。
　デスクは広いほうがよく、パネルの色は赤や黄色など暖かさを感じる色のほうが、ひらめいていました。暖色には人の気持ちを活性化する効果があるからかもしれません。

　会議室とミーティングスペースは、完全に仕切った個室にしてしまうよりも、空間に連続性があり、中の様子が外からわかるようになっていることが、ひらめきが増すポイントになります。メンバー以外の人もミーティングに参加したり、情報交換ができたりと、コミュニケーションの活性化につながることが、ひらめきによい影響をあたえるようです。

　リフレッシュスペースは、他の空間とのつながりと、まわりの人から見通しがよいことが、ひらめきのポイントになります。出入口のそばや窓辺などの人が集まりやすく、

◆ アイデアがひらめく場所

オフィス内とオフィス外でアイデアがひらめく割合

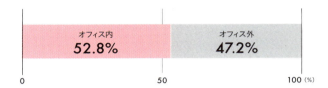

オフィス内の各空間でひらめく頻度の割合

　リラックスできるロケーションもひらめきには大切です。
　オフィスのいろいろな場所でアイデアをひらめかせている私たち。ひらめきが増す空間づくりで、ますますひらめきましょう！

22
効果的な色彩ではたらく場をより快適にする

色彩が人にあたえる影響は大きい？

　人が五感から得ている情報のうち、8割以上を占めるのが視覚だと言われています。視覚でわかることには大きさやかたち、動き方などがありますが、色は視覚以外の五感ではわかりません。

　ここでは、色が人にあたえる印象や影響について考えていきましょう。

　一般的に、赤・橙（だいだい）・黄などの暖色系には「暖かい」「柔らかい」、青や青緑の寒色系には「冷たい」「かたい」などのイメージがあるそうです。

　アメリカでは、赤いネクタイはここぞというときに締めるパワータイと呼ばれ、力強い印象をあたえると言われています。アメリカの政治家が演説のときに、好んで赤いネクタイを締めているのもそのためです。

　私たちの研究所が行ったアンケートによると、オフィス・インテリアに「色彩を取り入れたほうがよい」と考えている人は、約9割もいることがわかりました。どのような空間に色彩を取り入れたいと思っているのかも調べたところ、1位がリフレッシュスペース、続いて2位執務室、3位ミーティングスペース、4位エントランス、5位会議

室となりました。

　エントランスや会議室などの「社外の人の目に触れる空間」よりも、リフレッシュスペースや執務室などの「自分たちのはたらく空間」に、優先的に色彩を取り入れたいと考える人が多くなっています。

快適な気分で仕事ができる最適な色を見つけよう

　色と人の生理の関係を見てみると、赤には主にアドレナリンを分泌し血流を促進することで、興奮や情熱を高める効果があります。一方で青には、セロトニンを分泌し、血液を生成することで、安心や集中をもたらす効果があります。さらに青はメラトニンの分泌にも関わっていて、疲労解消や睡眠を誘う効果があるそうです。

　はたらく場に取り入れたいと思う色は、「リフレッシュスペース」では橙・黄緑・緑、「執務室」では白・緑・青、「会議室」では白・青・黒が上位色となりました。
　また、同じ会議室であっても、ブレインストーミングなどの拡散会議では橙・赤・黄を、検討会議や収束会議では白・黒・青をイメージしていることもわかってきました。これは、赤は気分を高揚させ、青は鎮静させる働きがあると言われているためだと予想できます。

◆ はたらく場の行動に適していると感じる色

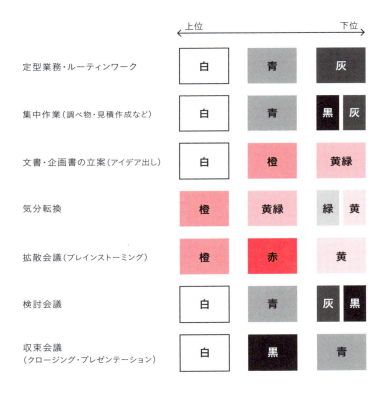

　色の感じ方は、それがどのような素材なのかによっても変わってきます。いくつか実際に試していく中で、その場所に最適な色を見つけられるといいですね。

23

"かわいい"が集中力を高める!?

"かわいい" という感情は近づきたいという気持ちにつながる

　女性はどんなものにでも、すぐに「かわいい！」と言いますよね。

　古くは清少納言の枕草子に、「うつくしきもの　瓜に書きたるちごの顔。…中略…ちひさきものはみなうつくし」という記述があります。昔から日本人は小さく幼いものをかわいいと思っていたようです。この「かわいい」という感覚は日本特有のものだと言われることもあり、今、海外でも注目され、「Kawaii」とそのまま訳されて世界に広まっています。

　広島大学の入戸野先生が行った研究に、大学生の男女に「かわいいものに関する行動と意識」を尋ねたものがあります。

　その研究では、男女ともに「かわいいものによって気分がよくなる」と考えていることが明らかになりました。これは男子大学生だけではなく、社会人男性であっても同じ傾向があるそうです。

　また、「かわいい」という感情には「近づきたい」「そばに置いておきたい」という気持ちが関連しているとも言っています。

デスクのまわりに好きなものを
置くと集中できる？

　さらに入戸野先生は実験で、かわいいものを見ると集中力がアップすることも確認しています。

　実験では、学生がピンセットを使って小さなものをつまみ出すなど、注意力や集中力が必要な作業をしました。その作業の休憩時間に、幼い動物のかわいい写真を見ていたグループのほうが、成長した動物の写真を見ていたグループよりも、作業の成績がよいことがわかったのです。

　かわいいものを見ると、「もっと近くで見たい」「相手のことをよく知りたい」という感情が湧き、対象の細部までよく観察しようとします。それによって、集中力が高まります。

　さらに驚くことに、この集中力は、かわいいものから注意をそらした後もしばらく持続するそうです。

　私たち研究所のアンケート調査によると、自席まわりを飾りたいと思っているワーカーは73％にもなります。その理由として、「気分転換になる」「楽しい」などのほかに、「好きなものを置いておくと集中できる」と答えた人が21％もいました。

◆ 自席まわりのパーソナライゼーションの理由

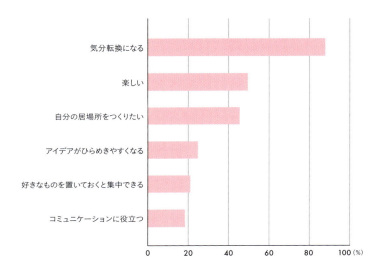

「好き」という気持ちと「かわいい」と思う気持ちには深い関係があります。好きなかわいいものを自席まわりに置くことで、集中できると感じる人もいるかもしれません。自席のまわりにちょっとした「かわいい」ものを置いてみませんか。

24

人それぞれに合わせて
集中の環境を整えよう

集中を妨げる原因は音と視線

　人の集中力が続く時間は、一般的に長くても2時間程度だと言われています。子どもの頃はもっと短いと考えられていて、小学校から高校の授業が1コマ45〜50分、大学になると90分になっているのも、集中力が続く時間が考慮されているからでしょう。

　私たちオカムラがオフィスではたらく人を対象に行ったアンケートでは、1人でじっくり考えることの重要性を感じている人は93％にものぼりました。また、邪魔されることなく自分の仕事に専念したいと考える人が97％もいました。ほとんどの人が、はたらく場で集中したいと感じているようです。
　しかし、残念ながら集中したくても、はたらく場にはさまざまな妨げがあるように感じます。では、集中の妨げとなるものには、どのようなものがあるのでしょうか。

　大きくわけると2つあることがわかりました。
　1つは音です。自分のまわりの騒音が集中の妨げになっていました。
　もう1つは視線です。作業内容を後ろからのぞかれることが、集中しにくいと感じる大きな理由になっていました。

4つのタイプにわかれる人の集中のかたち

　人によってはカフェのようなにぎやかな場を好んだり、個室でなければ落ち着かなかったり、性格や作業内容によっても集中できる環境はさまざまです。
　そこで、人の集中のかたちを音と視線から4つのタイプに分類しました。

　①音も視線も気になるタイプ
　②音は気にならないが、視線は気になるタイプ
　③視線は気にならないが、音は気になるタイプ
　④音も視線も気にならないタイプ

　この4つの集中のタイプに合わせて、集中できる環境を考えていくとよいでしょう。

　集中してはたらくための環境をつくるときには、パネルが効果を発揮します。個室は一度つくると元に戻すのは大変ですが、パネルは簡単に移動させることができます。
　音も視線も気になる人には、パネルで四方を囲われたブースが最適です。
　視線だけが気になる人には後ろ側がパネルで囲われて、パソコンの画面がのぞかれないように目隠しされた場、音

◆ オフィスではたらく人にとっての集中しにくい条件

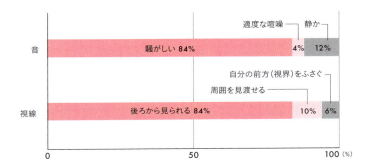

だけが気になる人には遮音性や吸音性が高いパネルを使った場がよいでしょう。

　パネルの高さを調節すれば、まわりの雰囲気がわかる程度に低めに仕切ることも、完全に隠れることができるくらい高く囲うこともできます。

　あなたはどのような環境が集中しやすいですか？

25
身近な発想法 "ブレスト"を 成功させるコツ

ブレインストーミングにおける基本的な4つのルール

みなさんは、ひらめきやアイデアをどのように生み出していますか？

グループやチームでアイデアを出し合う発想法には、アイデアを1つずつ書き出し、似たものを集めて分類していくKJ法や、中心のテーマから放射状にアイデアを色や絵を使いながら派生させていくマインドマップなど、さまざまなものがあります。

その中でも手軽で身近な発想法の1つ、ブレインストーミング（ブレスト）について見ていきましょう。

ブレインストーミングには4つの基本的なルールがあります。

①アイデアの質よりも量を出す
②他人が出したアイデアの批判をしない
③自由奔放なアイデアでもよい
④他人のアイデアに自分のアイデアをかぶせてもよい

このルールで示されているように、アイデアの質よりも量を多く出すことがブレインストーミングを成功に導くとされていますが、はたしてそれは本当でしょうか。

アイデアの量と質は
比例して高くなる

　私たち研究所は、東北大学の本江研究室と一緒に実験を行い調べてみることにしました。

　すると、定説の通りアイデアの量を多く出したグループが、質の高いアイデアを多く出していることがわかりました。

　さらに、アイデア量の多いグループは、ブレストのテーマに関係ない話はしない傾向があり、さらに相手の意見に補足を入れる傾向も高かったのです。

　よりよいアイデアを得るためにはアイデア出しに集中し、1人のアイデアをほかのメンバーがしっかりと受け止めて膨らませるアイデアのキャッチボールが大事だと言えます。

　また、発話には4つのタイプがありました。アイデアが出にくくなる中盤から終盤にかけて活発に発言することも、質の高いアイデアを多く得るためのポイントです。後半に出されたアイデアには、グループメンバーからの支持が集まりやすくなっていました。

　みなさんもブレインストーミングでは、アイデアの量に加えて、相手の意見に補足ができるように耳を傾け、後半にも精力的に発言をするように、心がけてみてください。

◆ 発話の4つのタイプ

ほぼ一定

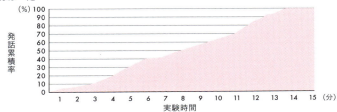

序盤に上昇する

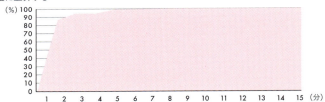

中盤に上昇する

終盤に上昇する

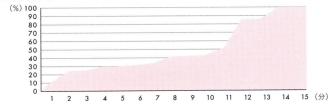

26

笑って楽しく
はたらくと
創造性もアップする

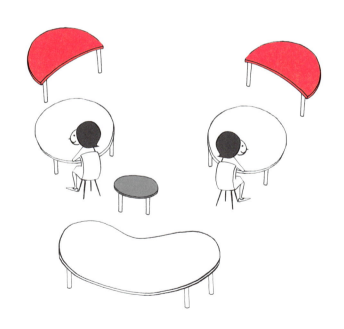

笑うと免疫力がアップし ストレスが軽減されて健康になる

会社の同僚と、どのような話をしますか？

仕事の話しかしない日もあるかもしれません。コーヒーブレイクのときのふとした挨拶から、いつの間にか趣味の話が始まる笑いの多い日もあるかもしれません。

ここでは笑いについて考えていきましょう。

最近では、医学的にも笑いと健康の関係が研究されています。

人は笑うとNK細胞が活性化し、免疫力がアップすることがわかってきています。

また、笑うと基本的に副交感神経が緊張して、交感神経の活動が低下します。副交感神経は心拍や呼吸をゆっくりにして、消化器の活動を活発にします。血圧も安定します。つまり、笑うとリラックスした状態になるのです。

精神的な効果もあります。楽しい笑いは、思考を無にして脳からの精神的ストレスの刺激を軽減させるそうです。

難しい話が続いてしまいましたが、つまりは「笑うと健康になる」ということですね。

はたらきやすさや創造性にも
好影響をあたえる笑い

　笑いには声を出して笑うだけではなく、微笑み、照れ笑い、愛想笑いなどさまざまな種類があります。嬉しい、楽しいという快楽による笑いもありますが、それ以外にも協調を示すため、自分の気持ちを隠すため、冷笑のような攻撃のためなどの、コミュニケーションの手段としての笑いもあると言われています。そう考えると、はたらく場と笑いには深い関係がありそうです。

　仕事をしていると、どうしても相手と反対のコメントをしなければいけないときもあります。そんなときに、少し微笑みながら話をすると、お互いの不快さが緩和されてコミュニケーションもスムーズになるかもしれません。
　さらに笑いは、まわりにも伝染すると言われます。重苦しい雰囲気よりも、笑いの絶えない明るい雰囲気のほうがはたらきやすいというのは、誰でも想像できるでしょう。

　また、精神医学者の志水彰氏らは、その著書の中で「新しい概念や技術の創出には、いったん過去のそれを破壊する必要があるので、『価値無化』の作用がある『笑い』がどうしても必要になる」と言っています。価値無化の笑いと聞くと何だか難しそうですが、笑ってごまかしたり、笑

いとばしたりすると、前例にとらわれずに創造性を発揮することができるということですね。つまり、あたらしい何かを生み出すことにも、笑いが好ましい影響をあたえるというのです。

　笑うことには、リラックス効果があるだけでなく、免疫力を高め、はたらきやすさも向上させ、さらに創造性にも影響をあたえるといった効果もあります。
「笑う門には福来たる」と言います。あなたも笑って仕事に取り組んでみてください。

27

創造性を発揮できそうな空間とは？

たくさんの要素があるほうが
創造性は発揮しやすい

　あたらしい課題への取り組みや創造的な解決を求められる仕事が増えてきている中で、オフィスに「コラボレーションスペース」や「ブレストスペース」といった名前のついた空間が増えています。

　そうした空間の多くは、従来の事務用デスクといすが並ぶだけの殺風景なものから一変して、内装や家具の色がカラフルになったり、インテリアグリーンやアートが置かれたり、「創造性を発揮できそう」と感じられるようなあたらしい空間になっています。

　そもそも私たちは一体どのようなことで、創造性を発揮できそうな環境だと感じているのでしょうか。そして、創造的だと感じる環境であれば、実際に創造性を発揮できるのでしょうか。

　私たち研究所は、空間から感じとる創造性について、東北大学の本江研究室と一緒に実験を行いました。

　まず、30枚ほどのオフィス空間の写真から、創造性を感じるものを選んでもらいました。

　空間全体で見ると、たくさんの要素があることが創造性を感じるポイントになっていました。

　一つひとつの家具で見ると、いすもテーブルも高さがあ

りキャスター機能などがついていました。立ち上がりやすく、動きやすい設えになっていることが、創造性を感じるポイントだということがわかりました。

　また、同じ種類のいすを組み合わせるならさまざまな色の組合せに、違う種類のいすを組み合わせるならハイチェア・普通の高さのいす・ソファといったように、高さの異なる組合せがされていることに創造性を感じていました。

　創造性を発揮できると感じるためには、部屋の中で異なるスタイルを選ぶことができ、自分たちの作業内容や気分を切り替えられることが大切なようです。

ユーザーとデザイナーの
両方の目線が備わると活きた空間になる

　それでは、創造性を発揮できる空間は、自分たちで設計することができるのでしょうか。

　学生たちに「グループで創造的なワークができそう」と思う空間を考えてもらい、その空間を設えて、実際にグループワークをしてもらう実験を行いました。

　その結果、いすやテーブルなど個々の家具は使い方を想定して、自分たちで適切に選べていました。しかし、空間全体のコーディネートは考えられていませんでした。自分たちで考えたにもかかわらず、使われなかった空間があったのです。

「リフレッシュスペース」や「コラボレーションスペース」といった名前はついていても、実際には使われない空間になってしまう事例はよくあります。このようなユーザーの行為に対応した空間は、デザイナーと一緒につくっていくことが大切です。

　創造性を発揮する環境をつくるためには、動きやすく、多様なアクティビティを展開できる空間を、バリエーション豊かにつくることが大切です。ぜひこうしたポイントを空間づくりに取り入れて、創造性を存分に発揮してください。

28

伝えるためのツールは空間の使い方に配慮する

ディスプレイの位置はコミュニケーションにも影響する

　自分の考えや意見を伝えるとき、あなたはどのようにして伝えていますか。ただ単純に言葉だけでは、なかなかうまく伝えられないでしょう。
　そこで、プレゼンテーションとして資料をまとめてディスプレイに映して発表したり、ホワイトボードを使って図と一緒に表現したりするなど、伝える工夫をしていると思います。
　その際に使うディスプレイやホワイトボードなどのツールは、使う空間もあわせて工夫をすると、より効果的に相手に伝えることができます。

　まずはディスプレイについて見ていきましょう。
　パソコンの画面をディスプレイに映しながら、4人ほどのグループで打合わせをするシーンはよくあります。
　向き合って座ったテーブルの横にディスプレイがあると、横を向いてディスプレイを見なくてはいけません。

　私たち研究所が徳島大学の掛井研究室と一緒に行った実験では、ディスプレイがテーブルの横にあるレイアウトでは、ディスプレイがあったほうがむしろ見やすさが低下していることがわかりました。つまり見やすさの点でいえば、

ディスプレイが横にあるなら、ないほうがいいのです。

　画面内容の確認など、見やすさを重視する場合には、ディスプレイが正面になるレイアウトで行いましょう。

　また、ディスプレイがテーブルの横にあるレイアウトでは、グループのメンバーと視線が交わる回数は多くなっていました。

　ディスプレイのほうに顔を向ける行為の流れが、他のメンバーを見ることにつながるようです。

　グループでのアイデア出しなど、コミュニケーションを重視する場合には、相手の表情が見えるようにディスプレイがテーブルの横にあるレイアウトもよさそうです。

ホワイトボードの前には
近づいたり離れたりできる距離を確保しよう

　次にホワイトボードについて見ていきましょう。

　プロジェクトルームなどで、アイデアを書き出したり、情報を掲示したりするために、壁一面をホワイトボード仕様にする事例が増えています。

　私たち研究所は東北大学の本江研究室と一緒に、ホワイトボードの使われ方についての実験を行いました。すると、被験者はホワイトボードにただ書くだけではなく、書きながら離れては全体を見渡し、また近づいて書くという前後の行為を繰り返していました。こうして行為の反復を

◆ ホワイトボード面からの距離と行為の関係

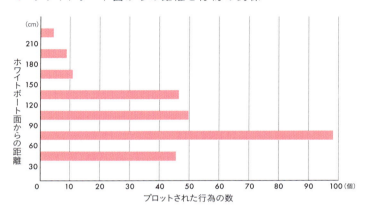

　することで、視野を変えながら思考の枠組みも変化させているようです。

　壁一面をホワイトボード仕様にした部屋では、ホワイトボード幅が5mのとき、その前に奥行き2.2mの作業空間があると、ホワイトボードに書いたものを眺めて検討する行為がカバーできていました。また、1.5mの奥行きが確保できれば、90％の行為がカバーできていました。

　ホワイトボードの前には、できるだけ1.5m以上の奥行きを確保してみてください。

　このようにツールと空間の関係を適切に捉えることは、有意義なコミュニケーションのためにはとても大切です。

29

あなどれない "かたち" があたえる人への影響

かたちが変われば気持ちも変わる！
シーンに合ったテーブルを使おう

　色に好みがあるように、かたちにも好みがあります。もののかたちには、それを見る人にさまざまな感情を抱かせる効果があると言います。

　かたちは人の心にはたらきかけ、気持ちを盛り上げたり、あるいは落ち着かせたりするなどして、その人の活動に影響をあたえているのです。

　私たち研究所では、この効果がかたちの異なるテーブルで、どのように起きているか調査を行いました。

　ラウンドテーブルからは、親しみやすさや気軽さ、自由な雰囲気、柔らかさ、楽しさ、にぎやかさが感じられ、人が自然と集まってくるような和やかな印象をうけることがわかりました。

　そのため、チーム内でのアイデア出しや、初めて会う人同士でブレストをするときなど、和やかな雰囲気で自由闊達な会話が求められる場に適しています。

　スクエアテーブルは、一体感や規則性を感じさせ、まじめな雰囲気をつくります。

　少しかしこまった打合わせや意見をまとめる会議など、くだけた雰囲気になり過ぎず、ほどよい一体感が必要な場

に適しています。

　連結テーブルは、緊張感やおとなしさ、重苦しさ、古めかしさといった権威的な雰囲気をつくります。
　きちんと見せたい企画やプレゼンテーション、セミナー、役員会議、説明会など、適度な緊張感と落ち着きが必要な場に適しています。

　特殊形状のテーブルは、そわそわした、不自然さ、ぎこちなさなど、普段はあまり感じない非日常的な雰囲気をつくります。
　ひらめきにつながるアイデア出しの場や、気持ちを切り替えて考えごとをする場によいでしょう。

　シーンに合ったかたちのテーブルを使うことで、より質の高いコミュニケーションや成果を期待できそうです。かたちの効果をぜひうまく活かしてみてください。

かたちにある奥深い効果

　かたちには連想する音がある「ブーバ・キキ効果」というものがあると神経科学者のＶ・Ｓ・ラマチャンドラン氏は著作で述べています。
　丸い曲線とギザギザの直線で描いた２つの図形を見せ

て、どちらがブーバで、どちらがキキか尋ねると、ほぼ全員が、丸いほうをブーバと言い、ギザギザのほうをキキと答えるそうです。

　この効果は文化・言語、年齢を問わず共通していると言います。文化や年齢で感じ方は大きく異なる場合が多いのに、とても興味深いですね。

　かたちの効果は想像しているよりも深そうです。

◆テーブルのかたちによる印象の違い

ラウンドテーブル

親しみやすさ
自由な
柔らかさ

スクエアテーブル

一体感のある
規則的な
動きのない

連結テーブル

おとなしさ
重苦しさ
古めかしさ

特殊形状のテーブル

そわそわした
不自然さ
ぎこちなさ

30

身体を動かすと創造的になれるってほんと!?

高い創造性を発揮したグループが
つくりだした作業環境とは

「クリエイティブ」と感じられている人たちの行動には、どのような特徴があるのでしょうか。

　それを知るために、私たち研究所は東北大学の本江研究室と一緒に、グループワークの実験を行いました。

　実験では４人１組のグループが、テーブルといす、ホワイトボードを使って30分のワークに取り組みます。その結果、創造性の評価が高かったグループは、「回遊動線型」と「機能配分型」、「床作業型」の３つのタイプの作業環境をつくりだしていました。作業が行いやすいように身体を動かすスペースをつくり、グループのメンバーで共有できる作業面がつくられていたのです。

　いすをテーブルに寄せたり、壁に追いやったりして、テーブルのまわりに空間の余裕をつくっていた「回遊動線型」。そうすることで全員が立って作業し、テーブルのまわりを活発に行き来していました。

　ホワイトボードを２台並べ、机上面とは別の一覧性の高い垂直作業面をつくっていた「機能配分型」。座って机を囲みアウトプットをつくりこむメンバーと、ホワイトボードを使ってプレゼンの準備をするメンバーにわかれて作業をしていました。

テーブルを移動させ床を作業面として活用していた「床作業型」。全員がアウトプットの製作に携わり、位置や姿勢を活発に変化させていました。特に評価が高かったグループがつくりだしていた作業環境です。

回遊動線型

機能配分型

床作業型

作業しやすい環境は
自分たちの手でつくる

　はたらく場や学びの場では、いすやテーブルにキャスターがついていて、軽くて動かしやすい家具を使うことも増えています。そうすることで利用する人数や作業する内容によって、自由に家具を動かして、空間を変化させて使うことができます。

　そして、自分たちで空間を設えることは、作業をいったん俯瞰的な視点で捉え、全体像からよりよいアプローチを考えることにもつながります。

　立ったり、座ったり、歩いたり、家具を動かしたり、外の景色を見たり、物理的な変化や刺激が、思考の枠組みに影響をあたえるのではないでしょうか。

　「なんだか今日はエンジンがかからないな」と思ったとき、まずは手を動かしてみると心がけている方は多いでしょう。

　それに加えて、ぜひ家具を移動させて空間を変化させることも試してみてください。

　身体を動かすことは創造性の発揮につながっています。行き詰まったときこそ積極的に身体を動かして、作業がしやすいように空間を変化させてみると、あらたなアイデアが浮かんでくるかもしれません。

十分な力を出すための
"健やかさ"を
整えよう

Chapter 4
think HOSPITALITY

31

はたらくときに意識したい"健やかさ"のこと

多様性の実現が
ウェルビーイングには大切

　みなさんは健やかにはたらいていますか？

　会社や病院、学校など……あらゆる場所で、はたらく人の健康は大きな問題になっています。

　長時間労働でワーク・ライフ・バランスがとれないはたらき方や、休憩時間も十分に確保できず、ゆっくりと休憩することができないはたらく場が問題になるなど、健やかにはたらく場づくりが求められています。この健やかさには、身体的なものだけではなく、心も重要です。

　心と身体がともに良好な状態を「ウェルビーイング」と言います。

　健康はこれまで個人が管理すべき問題とされる傾向にありましたが、企業や組織も積極的に関与していくものになりつつあります。

　それは、はたらく人が健康にはたらき続けられることが企業や組織にとっての原動力になるからです。

　はたらく人のそれぞれの状況や立場、ライフスタイルに寄り添って、仕事の負荷やはたらく場所など、はたらき方の多様性を実現していくことが、ウェルビーイングにはたらくためには大切です。

　そしてはたらき方を互いに共有することは、モチベー

ションやはたらきがいを保つためにも大切です。互いを理解することで、それぞれに合った仕事の進め方を認められるからです。そのためにも、上司や同僚と十分にコミュニケーションがとれる環境が求められます。

ウェルビーイングで実現する はたらく場のここちよさ

　それではウェルビーイングにはたらくことができる環境は、どのようにつくっていけばよいのでしょう。
　重要なのは、はたらく人を一番に考えた環境にすることです。
　そのためにはもちろん、光や音、温度など生理的な快適さを保ちます。さらに、衛生面やセキュリティといった安全面も確保し、安心してはたらける環境をつくります。
　そして、快適に執務を行う空間だけでなく、ここちよく休憩時間を過ごすことができるスペースも大切です。
　身体に合わせて調節できる家具など、人それぞれで感じ方が異なる部分のここちよさも実現しましょう。

　たとえば、ここちよさをより高めるために、オフィスで植物を育てたり、動物がいたり、外の光や景色を感じられたりする有機的な空間によって、感性を刺激する環境もつくられています。
　私たちオカムラのオフィスでもアロマをたいたり、音楽

を流したり、感性への刺激を大切にしたはたらく場づくりを進めています。

　ウェルビーイングを意識して、より健やかにここちよくはたらくことができる場をつくっていきましょう。

32

仕事のしやすさとここちよさを兼ねる照明は？

よい睡眠のために大切な照明との付き合い方

毎晩よい睡眠がとれていますか？

自信をもって頷ける人は少ないのではないでしょうか。

煌々(こうこう)と光る蛍光灯の明かりの下、モニターから強い光を放つパソコンに向かって残業をし、帰宅するとテレビを見ながらひと息。寝床に入ってからもスマートフォンを見て……と夜も眠りにつく直前まで光を受けて過ごす。

これが眠りを妨げている大きな原因の1つであることは間違いないでしょう。

そんなふうにして、なかなか寝付けなかったり、眠りが浅かったり、睡眠に悩む人は増えてきているようです。

人は朝には自然と目が覚めて、夜には眠たくなる生体リズムを持っています。

よい睡眠のためには、目覚めて朝日をきちんと浴び、夜には明かりを暗くし、心と身体を休め、生体リズムに合わせて過ごすことが大切なのです。

そこで、私たちオカムラでは、この1日の生体リズムに着目して、照度と色温度が変化するデスク一体型照明システムを開発しました。季節や時間帯に合わせた照度と色温度に、自動で変動します。

この照明システムは、光源から光を直接届けるのではなく、天井などに反射させて光を届ける間接照明になっています。
　間接照明は、光源を直接見ることがないため、目にやさしく、柔らかな光を拡散し、演色性にも優れています。

オフィスの照明にも"ほのあかり"のような柔らかな光を

　このデスク一体型照明システムがワーカーにあたえる効果について、私たち研究所は、九州大学の安河内研究室と一緒に調べてみました。
　すると、明るさの感じ方や見やすさに影響を及ぼすことなく、気分転換やリラックス、居心地のよさなどによい影響をあたえていることがわかりました。
　眼精疲労やストレス感も一般的な蛍光灯照明にくらべ、低くなっています。
　仕事中の覚醒度（眠気がない状態）を損なわず、疲労やストレス感を軽減する効果があるようです。そして仕事のしやすさに加えて、ここちよさや楽しさといった快適性も感じていました。

　昔から日本では、明暗やシルエットがはっきり出るあかりよりも、行灯のように柔らかい陰影をつくる「ほのあかり」が好まれてきました。

◆ オフィス照明の違いによるワーカーの感じ方

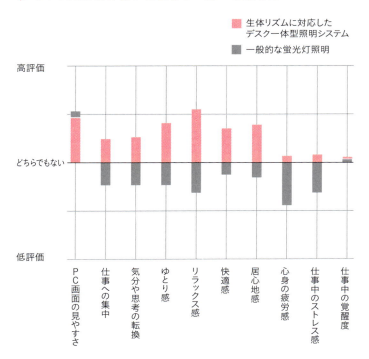

　周辺との明るさの対比が低い"ほのあかり"のやさしくゆるやかな光の変動に、私たちはここちよさを感じます。
　オフィスの照明も「ほのあかり」のような人にやさしいものを採用したいですね。

33

リフレッシュスペースのつくり方

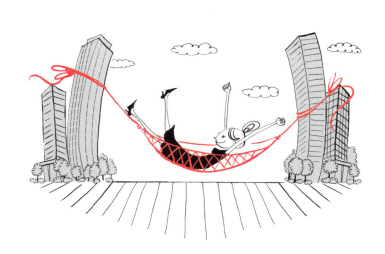

リフレッシュの行動は
４つのタイプにわけられる

　かつては、仕事中のリフレッシュといえば喫煙だと感じていた人も多かったかもしれません。

　しかし禁煙・分煙の傾向が強まり、はたらく場でも、あたらしいオープンなかたちのリフレッシュが求められるようになってきました。

　最近のオフィスを調べてみると、８割程度のオフィスでリフレッシュスペースが設置されていることがわかります。リフレッシュスペースは、仕事の合間の充電やはたらく人同士のコミュニケーションのために活用され、はたらく場にとって大切なスペースになってきています。

　では、満足度の高いリフレッシュスペースをつくるためのポイントはあるのでしょうか？

　私たちの研究所が行った調査では、リフレッシュのための行動は「コミュニケーション」「リクリエーション」「リラックス」「アクション」の４つのタイプに分類できることがわかりました。１つずつ詳しく見てみましょう。

　「コミュニケーション」では、まわりの人を気にすることなく、仲間との会話や飲食などを楽しんで精神的に安らぎます。そのためには、複数の人が気軽に集まることができ

る場が必要となります。

「リクリエーション」では、仕事以外のことを考えながら気分転換します。本や雑誌を読んだり、テレビを見たりできる場を設えましょう。1人だけではなく、何人かで使うことも想定すると、使い方が広がります。

「リラックス」では、落ち着いた環境の中で身体を休め、絵を鑑賞したり、静かに音楽を聴いたりできるように、視線が遮られた1人で過ごせる場づくりの工夫を行います。

「アクション」では、軽い運動やマッサージなどを行うための少し広めのスペースが必要です。

この4つの切り口を参考に、リフレッシュのためのスペースを考えてみてください。

作業能率が改善される
パワーナッピングとは

最近、昼寝の効果が注目されています。パワーナッピングという言葉を耳にしたことはありますか？

これは15〜30分程度の軽い睡眠のことです。厚生労働省による「健康づくりのための睡眠指針」でも、「午後の早い時刻に30分以内の短い昼寝をすることが、眠気による作業能率の改善に効果的」だとしています。

ある学校では、昼休みに昼寝の時間を取り入れたところ、午後の眠気が減って、授業への集中力が上がったという結果もあるそうです。

◆ オフィスでのリフレッシュ行動

　まずは、はたらく人が望んでいるリフレッシュ方法がどんなものなのかを把握し、その上でそれに適した場づくりをしていくことが大切です。

「リチャージスペース」や「クリエイティブスペース」といった空間の目的を意識させるようなネーミングにして、より効果的なリフレッシュスペースにしてみてはいかがでしょうか。

34

きちんと休むための場づくりのポイント

更衣室や資料室の隅では
質の高い休憩時間は過ごせない

　はたらく人にとって、休憩時間の過ごし方はとても大切です。
　ここでは、病院ではたらく人たちの休憩時間の過ごし方について考えてみます。
　病院は、患者視点での空間づくりが積極的に進められています。そのため、そこではたらく医師や看護師たちのことは、後回しにされがちです。
　よりよい医療を提供していくためにも、医師や看護師のはたらく場の改善は欠かせません。

　医師や看護師の休憩時間の過ごし方は、「コーヒーなどを飲む」「メールやネットをする」「本や新聞を読む」「外の風景を楽しむ」といった回答が多いそうです。１人でゆっくりと過ごすことが望まれているのですね。
　医師や看護師は、患者やその家族の心に寄り添って業務時間の大半を過ごしています。
　そのため、休憩時間には人との関わりを持たずに１人だけの時間を持つことが、一番の休息になるのでしょう。

　はたらく場として見てみると、医師や看護師たちが、きちんと休憩できる空間を設けている病院は、まだまだ多数

派とは言い難いようです。

　休憩時間を過ごす場所が更衣室や資料室の隅などでは、いつ誰が入ってくるかもわかりません。

　そこで重要なのが、きちんと1人だけの時間が確保できる場づくりです。

　1人になれる空間でありながら、閉塞感が出ないよう、外の景色などの自然を感じられる空間だと、よりよいでしょう。

立場が異なる人が一緒になる空間づくりの工夫

　食事の時間も大事な休憩の時間です。

　患者やその家族なども一緒に利用する病院の食堂では、医師や看護師は患者から相談を受けたり、お礼や挨拶をされたりと、いつ声をかけられるかわからず、誰に見られているかもわからないため、気を抜くことができません。

　休憩時間にはゆったりと気持ちを休めることができ、しっかりオンとオフの切り替えができる、スタッフだけの食事の場所を確保することが大切です。

　理想は食堂を別に設けることですが、難しい場合には、席や動線を別に確保するなどの配慮が効果的です。

　このように休憩時間を充実して過ごせることが、次の仕

事への活力につながるでしょう。

　立場の異なる人が共存して過ごす空間では、その設えがそれぞれの立場の人にとってどのような場になるのか、多面的に捉えて空間を設計することがとても重要です。

35

離れるからこそできる先生の気分転換

学校の先生は
いつ休憩しているのか

　学校の先生の仕事は、授業で教えるだけではありません。資料をつくり、成績をつけ、保護者への対応や学校行事の準備をして……と、少し書き出しただけでもいろいろな仕事があります。先生は学校ではたらく「ワーカー」なのです。

　ＯＥＣＤ（経済協力開発機構）が行った、国際教員指導環境調査（TALIS2013）というものがあります。この調査によると、日本の先生の勤務時間は、１週間に約54時間と最長だそうです。
　この調査は、世界の34の国と地域で行われましたが、参加国の勤務時間の平均は約38時間でした。

　文部科学省の調査では、学校の先生は１日に10分程度しか休憩時間がとれない状況だとも言います。
　たとえば、自分のための休憩時間になることも多いランチタイムも、先生にとっては子どもの給食指導の時間になります。そんな日本の先生たちはいったい、いつどこで休憩をしているのでしょうか？

　私たち研究所が千葉大学の柳澤研究室と一緒に小中学校

の先生にアンケート調査を行ったところ、先生用のリフレッシュスペースは小学校で約2割、中学校で約6割しか設置されていませんでした。

　しかし、リフレッシュスペースがない学校の先生の約7割が、「今後はつくってほしい」と考えていました。

　リフレッシュスペースの環境を整えることは、先生の心と身体の健康につながり、結果としてそのことが子どもたちへよい影響となって返っていきます。

オフィスと同じように
学校にも健やかさに配慮した場づくりを

　先生用のリフレッシュスペースをつくるときに重要なのは、大人専用にすることです。子どもたちと離れて気分転換ができることが大切です。

　海外の学校では、大人専用のラウンジがあるのが一般的です。ソファ席があり、コーヒーも飲めて、大人だけのプライベートな話も仕事の話もできるような、一歩進んだスペースです。

　しかし、日本にはそんなスペースの余裕などないところが大半でしょう。そこで、職員室内などに工夫してつくるのはどうでしょうか。たとえばパネルなどで少し視線を遮ることができるようにする、あるいは、ソファなどを置き、ゆったりくつろげるようにするのもポイントでしょう。

オフィスでは、ワーカーのはたらきやすい場づくりが積極的に行われています。
　しかし、学校をはじめとして病院や図書館などでは、利用する人たちに対する場づくりがもっとも重視されるため、そこではたらく人たちのことは後回しになりがちです。
　利用する人たちと、そこではたらく人それぞれの視点での場づくりが大切です。

　学校では、先生の健やかさにも配慮した場づくりが求められています。その第一歩として、リフレッシュスペースを充実させてみませんか。

36

"ヒヤリ・ハット"を減らして事故を予防しよう

誰もが経験したことがある!?
ヒヤリ・ハット

　右手にマグカップ、左手にパソコンを持っているときに、転びそうになってヒヤリとしたことはありませんか？

　勤務時間中に、無理をしてたくさんの荷物を運んで足の上に落とした、よそ見をしていてお湯が手にかかった、無理な姿勢を続けて腰痛になったなど、経験したこともあるのではないでしょうか。

　これらは労働災害（労災）です。厚生労働省の発表によると、日本の労災の死傷者数は、近年増加傾向にあります。

　「ハインリッヒの法則」というものがあります。これはハーバート・W・ハインリッヒ氏が労災の経験則をまとめたもので、「1件の大きな事故・災害の裏には、29件の軽微な事故・災害、300件のヒヤリ・ハットが存在する」というものです。重大な事故には至らなかったが、危うく事

◆ ハインリッヒの法則

故になりかねなかった出来事のことを一般的に「ヒヤリ・ハット」と呼びます。このヒヤリ・ハットを予防していく環境をつくることが、安全なはたらく場にはとても大切なのです。

ワーカーの行動とオフィスの環境がミスマッチだと危険

　工場などにくらべると危険が少なく、安全に見えるオフィスでの日常業務において、ケガやヒヤリ・ハットの経験があるワーカーはどれくらいいるのでしょう。私たちの研究所で行ったアンケートによると、ワーカー全体の約7割、女性では約9割にのぼります。

　また、これらのケガやヒヤリ・ハットの発生場所は、「通路」がもっとも多く、「出入口・ドア」「収納スペース」と続きます。また座っているときよりも立っているときや移動しているときのほうが、危険を感じやすいようです。

　ケガやヒヤリ・ハットの原因として、ワーカーの不注意や、道具や機器の誤使用などの人的要因も挙げられますが、人が行き交うには通路幅が狭すぎる、立ち作業がしやすいテーブルがないなど、ワーカーの行動とオフィス環境とのミスマッチが引き起こしているケースもあります。このようなミスマッチが生じないように設計・管理することが、安全なはたらく場づくりの基本と言えます。

◆ オフィスでの日常業務における
　ケガやヒヤリ・ハットの発生場所

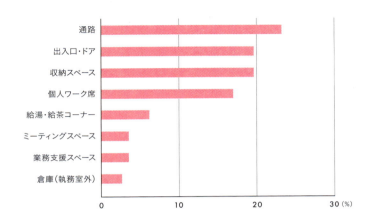

　オフィスでできる工夫をいくつかご紹介します。
　家具などには取扱い方法の説明シールを貼るようにします。いつも目に入るため、誤使用を防ぐことができます。
　取り出しやすい収納にするだけでなく、上段部に重いものを収納しない、扉に収納物の内容を明示する、といった運用の工夫も効果的です。
　収納やデスク、壁などの角にぶつかる人が多い場所では、レイアウトの工夫とあわせて、角の部分を丸みを帯びた形状にしたり、柔らかなカバーをつけたりしてもいいですね。
　ちょっとした工夫でヒヤリ・ハットを減らし、オフィスで起きる労災を防ぐようにしましょう。

37
コーポレートカラーを使うと会社に愛着が持てる!?

企業や組織のブランディングに効果的なコーポレートカラー

　スポーツの試合を想像してみてください。オレンジといえばオランダ、黒といえばニュージーランドと、色は国をイメージさせる大きなポイントになっています。
　学校や大学、病院などにも、イメージカラーを持つところは少なくありません。そして同じことが、企業イメージにもあてはまります。

　私たちの研究所が行ったアンケート調査によると、「企業の個性を表現する個性的なオフィスで働きたい」という人は、75％にものぼります。
　グレーのデスクといすが多かったオフィスにも、さまざまな色が取り入れられて、オフィスをブランディングの場として考える事例も増えています。
　そこで、私たちの研究所は、コーポレートカラーの調査も行いました。コーポレートカラーを採用している企業は全体の71％を占めます。もっとも多い色は青で、次いで赤、緑、橙と続きます。

　ところで、海外へ事業展開をするときには、国によって色の持つイメージが異なるので配慮が必要です。日本では昔から紫は高貴な色とされていますが、ほかの国ではネガ

ティブなイメージを持たれることもあるそうです。

　強い日差しが照りつける南の国と、寒さが厳しい北の国では、色の見え方や感じ方も変わってくるでしょう。

　そのため、その国の文化によって、コーポレートカラーのガイドラインを変更したり、明度や彩度を調整したりすることが重要です。

　適切に調整することで、より効果的な企業のブランディングができるでしょう。

コーポレートカラーは"ほどよく"がちょうどよい

　ブランディングをしようとするあまり「壁も天井も家具も、すべてをカラフルにしてしまえばよい」というわけではありません。

　執務室では、固定されている床や壁などの内装ではなく、移動や変更が比較的しやすい家具でコーポレートカラーを表現するのがよさそうです。実際、89％の企業がそのようにしています。

　家具に色を取り入れる場合には、パネルで大きくアピールするか、いすでほどよい差し色にするか、どのような組合せで色を使うのかがポイントになります。

　コーポレートカラーを使うと、会社への愛着も増すかもしれませんね。

◆ コーポレートカラーが採用されている空間

エントランス

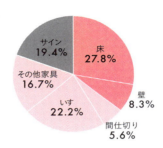

執務室

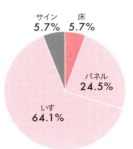

コミュニケーション空間

■ 内装　■ 家具　■ その他

38

目的地へスムーズに
たどり着くための
道しるべ

大規模なオフィスでは
みんなが道に迷っていた！？

　病院や駅などの広い空間で、道に迷わず目的地にたどり着けるようにする誘導方法を、ウェイファインディングと言います。このウェイファインディングが、オフィスでも活用され始めました。

　最近のオフィスビルは高層化が進んでいます。建築技術が進歩したことで、柱が少ない巨大なフロアのビルも増えています。この巨大なフロアをコスト削減や効率を重視したオフィスとして活用しようとすると、同じデスクが整然と並ぶ均一なオフィスになりがちです。
　そんな大規模オフィスでのウェイファインディングは、どのようになっているのでしょうか。

　私たちの研究所は、東京大学の西出研究室と一緒に調査を行いました。
　約2,000㎡に200人が入居しているオフィスでは、78％の人が他の人の席を間違え、56％の人は自分の席ですら間違えた経験があるということがわかりました。
　「あの人と打合わせしたい」と思って席まで行こうとしても、その席に行くまでにオフィスの中で道に迷ってしまっていたのです。

「音」「香り」「色」など いろいろな要素で目印をつくろう

　そこで、オフィスの中で他の人の席を探すときに、何を手掛かりとしているのかも調べてみました。

　すると、1位は座席表という結果になりました。大きなショッピングセンターでフロアマップを見ながらお店を探すように、大規模オフィスでは座席表を地図代わりにして目的地に向かっていたのです。

　また、座席表以外では、人や部署が目印となっていることもわかりました。

　しかし人や部署は常にその場所にとどまっているとは限りません。部署自体が異動や組織再編などで変更になることもあるでしょう。これではさらに混乱してしまいます。

　わかりやすい目印のある場づくりをするためには、カーペットの張りわけをしたり、パーティションや柱などに色をつけたりする方法も効果的です。

　ゾーンごとに音や香りで特徴をつけるなど、感覚的に識別できる仕掛けもよいかもしれません。

　病院では診療室や検査室へ迷わず向かえるように、床にルートの矢印を表示していますし、地下鉄も路線ごとに色を変えて駅に番号をつけたり、改札や階段では「ピーン

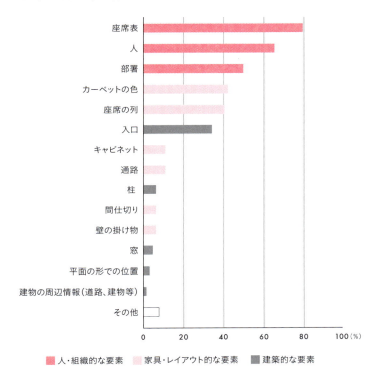

◆ 他の人の席を探して行くときの参照物

ポーン」という盲導鈴を鳴らしたり、さまざまな取り組みをしています。

　誰にでもわかりやすい、ウェイファインディングに配慮した空間づくりが大切です。

39

はたらく窓辺のオアシスで健やかさを高めよう

みんなの窓辺の空間が
上司だけのものになる理由

あなたのオフィスの窓からは何が見えていますか？

昔の刑事ドラマのボス席のようにブラインドが下がった暗いイメージだったり、「窓辺はマネージャーの席だからあまり窓のほうを見たくない」と思ったりする人も多いかもしれません。

私たち研究所がマネージャー席の位置について行った調査では、9割近くのオフィスが独立したマネージャー席を設けていました。

その席は眺望のよい、いわゆる上座に、窓を背にして配置されることが一般的です。組織図がそのままレイアウトになったようなオフィスも多いでしょう。

景色のよい窓辺はマネージャー席に、人の出入りのある廊下側が部下の席となり、オフィスの中で上座・下座ができてしまうのです。

窓辺のマネージャーは、窓を背にパソコンを利用すると明る過ぎるため画面が見にくく、ブラインドを閉めてしまうことも少なくないでしょう。

そして閉められたブラインドを開けることは、容易なことではありません。こうして、せっかくの外光も眺望も閉

ざされたままになってしまう、もったいないオフィスが多いのです。

光と調和して健やかに
窓辺の空間をみんなで使おう

　私たちのオフィスでは、窓辺の空間のつくり方に工夫をしています。窓辺はオフィスの誰もが使える個人ワークと打合わせの場所にしているのです。
　窓辺の空間のイメージは「森の図書館」です。
　植物を棚の上やいろいろなところに置いて、緑も近くに感じられる空間です。
　ウッドデッキの床を設え、木目の書棚に本を並べて、日の出ている時間には鳥のさえずりも聞こえるようにしています。

　家具はキャスター付きで動かすことができます。
　刻々と変化する窓からの光に対して、まぶし過ぎるときには日の当たり過ぎない場所に移動し、夜のイルミネーションが輝き始めると窓辺に向きを変えるなど、自由に家具を動かしています。
　もちろん、1人での仕事、人との打合わせや共同作業など、人数や作業によって使いやすいレイアウトに変えて多様なワークスタイルに対応することもできます。
　このように、自分たちで自由に家具を動かしながら、は

たらいているのです。

　こうして光と調和し、外の景色も楽しみながらはたらくことができる空間では、晴れた日中はほとんど照明をつけなくても十分な明るさを保つことができます。こうすることで省エネにもなりました。

　窓辺をみんなで共有できる空間にすることで、1日の光の変化を感じながら、光と調和して健やかにはたらける環境が生まれています。

　あなたのオフィスでも、窓辺の空間をみんなで共有してみませんか？

40
作業姿勢に適したいすを選ぶためのツボ

パソコン作業に望ましいのは後傾姿勢

　今はパソコンなしで仕事をすることは想像ができません。1日のほとんどをパソコンと向かい合って過ごすという人も少なくないでしょう。
　厚生労働省の調査によると、長時間のパソコン作業時には、腰よりも首や肩のこりや痛みが見られるそうです。6時間以上の作業では、8割近い人が首や肩のこり・痛みを感じています。

　では、首や肩の負担を軽減するためには、どのようにいすに座るのがよいのでしょう。
　女性はいすの前にちょこっと座って、背もたれを使わない人も多いのではないでしょうか。でも、このような姿勢は腰に負担がかかり、疲れやすいのでよい姿勢だとは言えません。
　パソコン作業をするときには、おしりがいすの背もたれにつくくらい深く座り、身体をいすの背もたれにあずけた後傾姿勢が望ましいと言われています。

　そのときに重要なのが、頭の重さを支えることです。
　作業姿勢について、ＩＳＯの定める国際規格を見てみましょう。その中では筋骨格系の疲労や障害を防ぐために、

体幹や頭部のサポートがない状態の後傾姿勢は推奨しないとなっています。

　頭の重さは体重の約8％と言われています。かなり重いものを細い首で支えていることになりますね。

　そう考えると、後傾姿勢のときには背中や頭を支えるものが必要なことも納得できます。

"ヌカーレ"を支持すると頭が安定して楽になる

　私たちの研究所は文化学園大学の渡辺先生と一緒に、作業時に頭をどの位置で支えるのが適切なのかを、ヘッドレストの位置によって調べる実験をしました。

　実験では、「首から頭にかけてもっとも楽だと感じる状態」「首の筋負担がもっとも少なく、頭が安定して支えられていると感じる状態」のときに、ヘッドレストの位置の中心を探りました。

　その結果、「ヌカーレ」と呼ばれる位置を支持することが適切であるとわかりました。

　ヌカーレとは、首の後ろにあるくぼみの位置（正中線上でうなじの筋の間で触れることができる後頭骨の最も下方の点）のことを言います。

　もちろん、パソコン作業だけではなく、家でくつろいで

テレビを見るときや、ソファに寄りかかって本を読むときも、身体が後傾していれば頭のサポートが重要です。

　頭をどのようにサポートするのかを考えながらいすを選び、正しい姿勢で作業するようにしたいものですね。

　首の後ろのくぼみを指で押さえてみてください。
　なんだか、頭が安定しませんか？

41
いいことずくめ！立ち作業を取り入れよう

立ったり座ったりがいつでも気軽にできる環境づくりが大切

　ＷＨＯ（世界保健機関）の調査によると、世界の高所得国の死亡に対する危険因子は、１位が高血圧、２位が肥満、３位は身体活動不足となっています。
　一般的にオフィスではたらく人は、１日に６時間程度いすに座っていると言われています。ずっと座ったままだと、運動不足になり、身体も凝り固まって痛みを感じてしまう原因にもなります。
　アメリカ屈指の総合病院であるメイヨー・クリニックのレヴィーン医師らによると、座っていた時間を１日に２時間立ち作業に変えるだけで、340kcalを消費することができるそうです。
　これを毎日続けると、だいたい１ヵ月に１kgの体脂肪を消費するエネルギーになります。これは１日４〜５km歩くのと同じエネルギーです。試してみない手はありませんよね！

　立つと視線の高さも変わるので、いつもと同じオフィスが少し違って感じられて、よい気分転換になるかもしれません。
　そのときの状況や気分に合わせて、立ち座りを選べるようなはたらき方について、考えてみましょう。

デスクの天板の高さを調整して
３つの効果を体験しよう

　私たちオカムラは「立ったり座ったりを繰り返すことで、はたらき方にプラスの効果があるかどうか」を労働科学研究所と一緒に調べてみることにしました。
　すると、３つの効果があることがわかりました。

　１つ目は「疲労しにくい」ことです。
　パソコン作業中に立ったり座ったりを繰り返すことで、座ったまま、立ったままの人よりも首や肩などの疲れが軽減されることがわかりました。ずっと同じ姿勢でいるよりも、少し体勢を変えると身体が楽になります。
　２つ目は「足がむくみにくい」ことです。
　立ったり座ったりを定期的に繰り返すことで、下肢の筋肉が弛緩・収縮してポンプの役割を果たすので、血流をうながすようです。
　女性はずっと座り続けていると足がむくんでしまい、朝履いていたブーツが入らなくなってしまった……という経験もあると思います。むくみにくくなるのは、とても嬉しい効果ですよね。
　３つ目は「眠気を抑えられる傾向がある」ことです。
　眠気と集中力には密接な関係があるため、立ち座りを繰り返したほうが生産性も高められそうです。

では、立ち作業の効果を活かすためには、どのような場づくりが必要なのでしょうか。それは、何よりも、思い立ったときに簡単に実践できる環境が重要です。

　たとえば、天板の高さを調節できるようなデスクを使ってみてください。すると、簡単に立ち作業に切り替えることができます。

　もちろん、一日中立っている必要はありません。朝のやる気をチャージしたいとき、疲れを感じたとき、そして健康やダイエットのためにも、座り続ける仕事のスタイルを変えてみませんか？

42

オフィスで植物を育てるときの効果と癒やし

明らかになってきた植物の健康面への効果

　都心にありながら豊富な緑に囲まれたオフィスビルや商業施設が増えています。

　ヘルスケアデザインの研究を行っているロジャー・S・ウルリッヒ博士によると、ベッドサイドの窓からビルのレンガの壁が見えるよりも、木々が見える病室のほうが患者の入院日数が短くなることや、庭に植物やせせらぎ、鳥のさえずりなどがあると、患者のストレスが緩和されることがわかっているそうです。

　無機質な建物であっても有機的な植物と融合させることで、人々にとってここちよい環境を生み出すことができるのです。

　屋内では、内装材や空調などによって、さまざまな化学物質が放出されていますが、NASA（アメリカ航空宇宙局）のB・C・ウォルヴァートン博士の研究によると、植物には、これらの化学物質を吸収し分解する空気の浄化効果があるそうです。

　また、植物の香気成分にはB・P・トーキン博士が発見した「フィトンチッド」と総称される、カビの胞子や浮遊微生物を抑制する殺菌力を持つ揮発性物質が含まれています。植物は私たちの健康面にも一役買っているんですね。

植物がワーカーにあたえる心理的な影響とは？

では、心理面ではどうでしょうか？

私たちのオフィスでは、コピーコーナーなどのユーティリティスペースやロッカー、書棚の上などに植物を置きました。また、1人が1鉢ずつ育てる自分の好きな小さな植物「パーソナルグリーン」も導入しました。

その効果についてアンケートを行ってみたところ、6割以上のワーカーが「コミュニケーションの活性効果」があると答えました。特に、パーソナルグリーンは自分の植物だと思うと愛着をもって世話をするため、それを話題にすることで、他部門との仕事以外でのコミュニケーションが始まるきっかけにもなるようです。

また、植物を眺めたり、手入れをしたりすることによる「仕事上の心理的なストレスの緩和効果」や、空間の雰囲気向上による「執務空間の快適性を高める効果」なども感じていました。

もともと日本人には、お花見や紅葉狩りといった植物を愛でる習慣があり、季節の移ろいと植物のかかわりを大切にしながら、人々のつながりを深めてきました。

私たちの健康面にも心理面にもよい効果がある植物を、みんなで育ててみませんか。

◆ オフィス・グリーンの効果を体感したワーカー

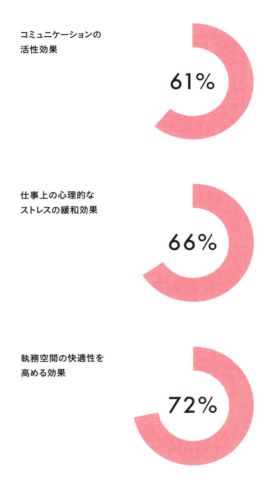

コミュニケーションの
活性効果

61%

仕事上の心理的な
ストレスの緩和効果

66%

執務空間の快適性を
高める効果

72%

未来のために もう一度
"学び"を考えよう

Chapter 5
think LEARNING

43

アクティブな学びに必要な環境を整えよう

コミュニケーションをとりながら主体的に考える学び

　大学の授業というと階段式の大きな教室で、静かに教授の話を聞くイメージが浮かびます。そのような一方向の情報提供を聞くことが主となる講義型のスタイルに加えて、学びは、コミュニケーションをとりながら主体的に考える実践的なスタイルへと進化しています。

　年代、文化、人種などを超えて課題を解決していくことは、これからの世界でますます求められていくでしょう。そこで大切なのが、異なる考え方や感じ方に気づくことです。そのためには個人が力を十分に発揮し、相手の力を引き出して一緒によりよいものを生み出すことが重要です。

　この力を身につけるための主体的かつ実践的な学びが、アクティブラーニングです。

　アクティブラーニングでは、プロジェクトのテーマの説明を受けたら1人で調べて考え、その考えやアイデアをグループで議論し、グループの考えとしてまとめてかたちにし、最終的にはプレゼンテーションまでを行います。これらのプロセスを行き来しながら学びます。

　多様な活動も必要になってきます。パソコンで調べものをしたり、付箋や模造紙を使って意見を出したりします。また、アイデアを検討するために、その場で簡単なモデル

をつくることもあります。そして、簡単なレビューやグループごとでのプレゼンテーションなどを行い、学びを深めます。

アクティブラーニングでは必要な道具や環境が常に変化する

アクティブラーニングの環境には、お互いの適切な距離感や身体の向きにテーブルやいすを動かして作業を進められることや、自分たちの意見をすぐにホワイトボードなどを使って表現できること、アイデアを検討するために一覧性のある壁面やボードがあることなどが効果的です。

活動の変化に応じてその場その場で必要なものを出したり、片づけたりすることも増えるので、道具用のカートも、裏方ながら大切なツールになります。

アクティブラーニングの広がりを受けて、図書館などには「ラーニングコモンズ」といった多様な活動に対応できる場の整備も進められています。

アクティブラーニングのようなグループワークやワークショップは、企業の研修でも増えています。

活動の変化に柔軟に対応し、コミュニケーションを活性化させ、よりよいワークを支えるためにも、家具の動かしやすさや、次の行動にすばやく移れる身体の動かしやすさ、道具の使いやすさなど、アクティブな学びの空間には多面的な検討が必要になっています。

◆ アクティブラーニングのレイアウトパターン

正面を向いて
説明や発表を聞くのに
適したレイアウト

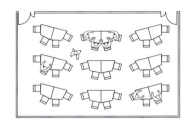

メンバーとの距離が近く
表情も見え
ディスカッションに適したレイアウト

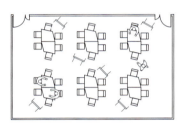

メンバーと正対せず
カジュアルな雰囲気で
グループ作業ができるレイアウト

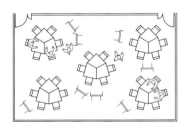

メンバーと正対して
フォーマルな雰囲気で
話合いや作業ができるレイアウト

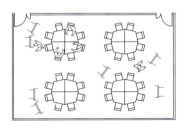

Chapter 5 未来のためにもう一度"学び"を考えよう　　193

44

教室のレイアウトを
もっと自由に
変えていこう

小中学校でも
アクティブラーニングは行われている

　仕事を持ちながら子育てをしている共働き世帯も多くなりました。授業参観もあると思いますが、「仕事が忙しくてなかなか見に行けない」という方も多いと思います。ここでは少しだけ、子どもたちの学校での授業の様子をお伝えします。

　大学では、学生たちがコミュニケーションをとりながら主体的に学ぶ「アクティブラーニング」が注目されていますが、実は小中学校でも行われています。
　それは調べ学習などに代表されるような、課題解決型の学びのスタイルです。小学生のときから、みんなで課題を見つけ、話し合ってまとめていくグループ学習を通して、考える力や表現する力をはぐくんでいます。
　では、その調べ学習はどこで行われているのでしょうか？
　私たちの研究所では千葉大学の柳澤研究室と一緒に、実際に小中学校でどのような活動が行われているのか、先生へのアンケートで調べました。
　すると、図書室よりもコンピュータ室を利用する活動が多いことがわかりました。
　本だけではなく、パソコンやタブレット端末を使ってイ

ンターネットで調べる方法も、多く取り入れられているようでした。そのため小中学校では、図書室とコンピュータ室を「メディアセンター」として一体的に整備する傾向も見られます。

子どもたちの学びのための
あたらしい場づくり

　調べ学習では、先生からテーマをあたえられて、まずはそのテーマについて、グループで話し合って疑問や課題を見つけます。

　次に本やインターネットを使いながら調べます。実際に確かめることができる課題では、実験や観察をしてから、その結果を話し合ってまとめていきます。

　最後に発表をすることであたらしい気づきがあり、それが1つの学びのサイクルになります。

　そのため、これからの図書室には1人で静かに読書をする場に加えて、相談したり発表したりする、グループ学習ができる場も求められてくるでしょう。

　子どもの自由な活動に対応できるように、教室の廊下側の壁を取り払って、多目的に使えるオープンなスペースをつくる学校もあります。

　教室も、これまで主流であった全員が黒板側を向いて整列して机を並べるレイアウトではなく、活動に合わせた

◆ 小学校で調べ学習を行う空間

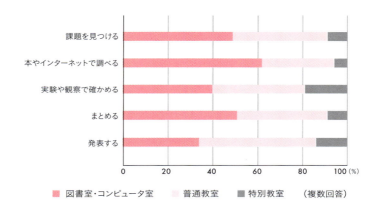

　もっと自由なレイアウトになっていくのかもしれません。
　グループで作業のしやすい可動式のテーブルや、リアルタイムの情報を調べてみんなで見ることができる大きなモニターなども便利です。
　これまでの学校の空間をあたりまえと思わず、子どもたちのあたらしい学びにあった場づくりの工夫をしていけるように、心がけていきたいものです。

45

あたらしい学びのかたち "どこでもスタディ"

ＩＣＴツールを活用すると
やる気が高められる

　あたらしいＩＣＴ（情報通信技術）ツールを使った学びが始まっています。
　教室で先生から講義を受け、自宅に帰って練習問題を解くというこれまでのスタイルを逆さにした学びを「フリップド・クラスルーム（反転授業）」と言います。
　教室で受けていた講義の代わりに、先生がつくった動画を自宅で視聴し、教室では家で解くことの多かった応用問題に取り組むというものです。

　このような反転授業を行うためには、タブレット端末やWi-Fi、ウェブ会議などのＩＣＴツールは欠かせません。
　企業などではたらく人は、パソコンを持たずに仕事をするなんて考えられないと思いますが、同じことが大学や学校でも起きています。子どもたちのまわりにも次々にＩＣＴツールが増えているのです。

　文部科学省の報告書によると、ＩＣＴツールを授業で活用することで、約８割の小中学生が「楽しく学習することができた」「コンピュータを使った授業はわかりやすい」と答えています。
　また、８割以上の先生も、ＩＣＴツールを活用した授業

は子どもの意欲や理解、表現、技能を高め、思考を深めたり広げたりすることに効果的だと評価しています。

　ある学校の先生は、お裁縫の運針の様子をビデオに撮影し子どもに見せたそうです。すると、これまではよく見えなかった先生の細かな指の動きがわかりやすく伝わり、子どもの理解が進んだという話もあります。

どこにいても学べる場づくり

　動画の視聴であれば、わからないところを何度も繰り返して、好きなときに好きなだけ学習することができます。
　事前に授業の様子を動画にしておくことで、あのクラスでは話したけれど、こちらのクラスでは話し忘れた、などということも防ぐことができるので、先生の負荷の軽減にもつながります。

　また、このようなＩＣＴツールを活用した動画の視聴は、入院中の子どもの学びをサポートする院内学級、欠席した授業のサポート教材、遠隔地や海外からの受講にも発展しています。
　限られた時間で多くの効果を求める企業研修などでも、事前に動画で予習することができれば、より効果が上がるのではないかと注目されています。

ＩＣＴツールの進歩によって、私たちはどこでも学ぶことができるようになりました。
　それに合わせて、企業や大学、学校などにも、あたらしい学びに対応した空間の設えが必要になってきています。
　アクティブラーニングや調べ学習のような主体的な学びの場づくりと同時に、Wi-Fi環境の整備や授業の録画ができるＡＶシステムの設置、部屋のどこからでもモニターが見やすいレイアウトなどの工夫が必要になるでしょう。
　いつでもどこでも学べる場づくりを進めたいですね。

46

馬が伝える家具のストーリー

馬の力を借りて木材を切り出すホースロギングの魅力とは

　日本の国土の約7割は森林で、そのうちの約4割は、主に木材の生産を目的とした人工林です。これらの人工林の中には、放置されて荒れてしまった森林もあり問題になっています。これらの放置された森林の木材も、できるだけ有効利用することはできないのでしょうか。

　1つの例をご紹介します。馬の力を借りて林業を行う自然にやさしい「ホースロギング（馬搬）」という伝統的な方法があります。ヨーロッパでは今も一般的に行われている方法です。

　馬力という単位がありますが、これはもともとは1頭の馬の持つ力を表していました。それからもわかるように、農業でも林業でも、馬は昔から人間のパートナーとしていろいろな作業の手伝いをしてくれていました。

　森から木を運び出すとき、普通は重機を入れるための道をつくります。しかし、馬ならあらたに道をつくる必要もなく、小回りもきき、重機が入るのが難しい斜面でも活躍できます。立木を傷つけることもほとんどないそうです。さらに、馬が通って耕した後には、あらたな植物が生えてきて元気な土になるという、自然にやさしいサイクルも生まれます。

ストーリー性のある家具が
社会を変えていく

　自分のまわりに、作り手のわかるものはありますか？
　オーダーした革のかばんや、あつらえたスーツ、代々受け継がれた和服……。こういったものは、使っていくうちに少しずつ雰囲気も変わり味がでてきます。それが愛着や喜びにつながっていく、そうしたものを大切にする思いを大事にしていきたいですね。

　ものを通して、作り手と使い手がつながり、1つのストーリーができていきます。
　たとえば食品も、産地や生産者がわかることで作り手とのつながりを感じ、それが消費者の安心感にもなっています。地産地消を心がけることで、地域を盛り上げようという取り組みにも発展しています。

　同じように、家具づくりでも国内の各地域産の木材を積極的に利用しようとする動きが出始めています。特に庁舎や学校などの公共の施設では、地域材にこだわって家具を選んでいる地域もあります。
　私たちオカムラもホースロギングで切り出した木材を家具として販売することで、作り手と使い手がつながっていくような取り組みも行っています。

◆ オカムラの環境への取り組み

ACORNとは
「ACORN」は、英語でどんぐりを意味する言葉です。
次の種をつなぐために、なくてはならない存在であるどんぐりを、オカムラの活動の象徴としました。

　とはいえ、家具においてはまだまだそのアピールが足りないように思います。まずはどういうストーリーでつくられた家具なのかを考えて、購入するような社会になっていくとよいですね。
　そうすることで、もっと愛着をもって大切に家具を使えるようになり、より豊かな生活につながっていくのではないでしょうか。

47

便利になった図書館が地域の拠点に

便利な図書館は
どんどん増えている

　私たちのこの本をどこで見つけてくださいましたか？
もしかすると、図書館でふと手にとってくださった方もいるかもしれません。
　電子書籍が増え、本を手にとる人は減っているように感じますが、文部科学省の調査によると日本の公共図書館は約3,300館で、実は年々増加しています。施設利用者数や貸出冊数も増えています。
　今、図書館が地域のコミュニケーションの拠点として、生まれ変わろうとしています。

　ＩＣＴ（情報通信技術）が進歩したことで、レファレンス機能が充実してきました。もちろん、今まで通り職員にサポートを求めることもできますが、利用者自らがスムーズに検索できるようタブレット端末などを貸し出すサービスも行われています。
　本の貸出しや返却のシステムも無人になるなど、すばやく手続きができるようになってきています。それに伴って開館時間が延長され、社会人が仕事帰りに立ち寄ることも可能になってきました。
　そして、公共図書館だけでなく、大学の図書館も地域住民が利用できる場合が多くあります。大学は専門書が揃っ

ていて、公共図書館とはまた違った雰囲気の中で本と出会うことができます。

本を借りるだけではない
さまざまな使い方ができる活きた図書館

　いくつかの地域では、カフェや書店と協力した公共図書館ができ始めました。ここでの取組みには、２つの特徴があります。

　１つ目は「音」についての考え方です。これまでの図書館はしんと静まり返っていて、１人で読書をするための場だと考えられてきました。書架と閲覧室がメインで、話をするとまわりから「しーっ！」と言われることもありました。しかし今は、コミュニケーションをとる目的でも使えるように、話してもよいスペースもできています。

　２つ目は「飲食」についての考え方です。カフェを併設することで、従来の図書館ではタブーだった、本を読みながら飲食もできるスペースがつくられるようになりました。ランチや休憩のために外に出る必要がなくなり、図書館の中で気分転換をしながらリラックスして過ごせるので、ますます使いやすくなっています。

　この「音」と「飲食」についての考え方を柔軟にすることで、本を借りるという目的がなくても、地域の人が足を運びやすい、活きた図書館に変わることができたのです。

カフェの喧噪が聞こえる中で、話をしながら学びを深めることのできるスペースや、映像を視聴できるスペース、親子で利用できる読み聞かせスペースもあり、ときにはイベントも開かれるなど、いっそう充実してきました。
　書店でも、本に触れる機会を増やそうと、居心地のよさを重視したお店も増えています。
　本をとりまく環境は、どんどん移り変わっています。
　図書館があらたな学びの場になるといいですね。

48

廃校となった校舎を
はたらく場に活用しよう

廃校となった校舎は
地域の大きな財産

　学校は地域住民にとって、とても親しみ深い場所だと思います。選挙の投票所になったり、災害時の避難場所になったりするのも学校です。

　どの地域にも学区があり、学区は地域住民の1つのまとまりとなる場合が多く見られます。学校は地域のシンボルと言えそうです。

　そんな大切な学校ですが、実は毎年500校前後が廃校になっています。

　少子化や過疎化による廃校もありますが、都市部では住民の郊外移転などに伴う廃校も多く、深刻な問題になっています。

　自分の通った学校の歴史が終わってしまうと聞くと、なぜか無性にさみしい気がします。

　そこで廃校になる校舎を地域の財産と考えて、取り壊すのではなく、地域の拠点として他の施設に転用しようという取組みが積極的に行われるようになりました。

　現状では、大学などの教育施設や、体育施設としての活用事例が多いですが、徐々にオフィスや文化施設などにも転用され始めました。

　たとえば、京都国際マンガミュージアムは、少子化など

によって使われなくなった小学校の校舎を転用した施設です。このミュージアム、実は校長室だけは残されていて、その中で子どもたちの成長を見守っていた大時計が、今も時を刻んでいます。地域の人たちにとっては思い出の場所として残りながら、あたらしい観光の拠点として国内外から注目されています。

さまざまな用途で再活用できる校舎の可能性

　学校の体育館を転用した例もあります。
　富山県の氷見市庁舎は、使われなくなった高校の体育館などを改修整備して活用しています。市庁舎としての窓口業務だけではなく、地域協働スペースを設けるなど、地域の人が用事がなくても立ち寄ることのできる活きた市庁舎として生まれ変わっています。
　そのほかにも、校舎が1棟まるごと企業のオフィスとなった小学校や、食品加工工場となった体育館の例もあります。地域住民のための保育園や老人ホームとなる学校もあります。

　学校には同じ広さの教室がたくさんあります。大きな工事をせずに、1部屋単位で分割して借りることができるのも、学校を転用するメリットです。
　地域に根付いて起業したい人や地域活動をしたい人たち

◆ 廃校の主な活用用途

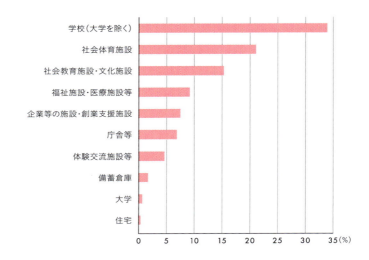

にとって、格好のオフィスとなります。

　また、家庭科室にはキッチンが、図工室には作業台や工具がもともと備え付けられているので、アート作品をつくる芸術家の卵や、地域住民の趣味の集まりにも便利です。

　廃校活用は建物を壊さずに、地域資源として活用するサスティナブルな方法として注目されています。
　懐かしい教室を使うことで、地域への愛着がいっそう増していきます。将来は、生まれ変わった学校で、地域のためにはたらく人が増えていくかもしれません。

おわりに

　最後までお読みいただきありがとうございます。
　私たちはこの本を通して、これからのはたらく場はどうなっていくかを考えていきたいと思いました。
　これまで「与えられるもの」と思ってきたはたらく場を、これからは自分たちで「つくっていくもの」に変化させることができれば、きっとはたらく場はもっと楽しくなるのではないでしょうか。

　社風や企業文化といったものはあるのに、オフィスはなぜか画一的なものが多いと思います。1つの組織の中にも多様な人がはたらいています。そして、はたらく人の多様性は、これからますます増していきます。
　はたらく場を画一的に捉えることはもうできません。それぞれの立場で自らはたらき方を描いていくことで、はたらき方の多様性を実現するのです。
　そのためにもはたらく場というものを、再考する必要があるのではないでしょうか。

　本書を製作するにあたって苦心したのが、この「それぞれの立場」ということです。「こちら側に立てば、あちら側からはどう見えるのか」「こんな立場だったらどうだろ

うか」……といろいろな立場や見方からはたらき方を考えてみました。けれど、まだまだ見落としてしまっている視点があるのでは、といつまでも議論は続きます。

　どの立場の人たちも満足するような場づくりは、理想であって実現不可能なものかもしれません。けれども、いろいろな立場に立って考え、捉え方の違いに気づくことが多様性を実現する第一歩ではないかと思います。
　すべての人が満足するような解は見出せなくても、さまざまな立場で検討し、こぼれ落ちた点に配慮することが大切でしょう。
　多様な立場で考えてはじめて気づく見え方や価値観に、これからの楽しいはたらき方の可能性も潜んでいると思います。

　本書がどんなはたらき方をしたいのかを考えるきっかけになり、これからのはたらき方に向けて、楽しい要素を見つけていただければ幸いです。

　最後になりますが、本書をまとめるにあたり、研究に協力していただきました大学の先生方、そして多くのご助言やお力添えをいただきましたすべての関係者のみなさまに感謝申し上げます。

参考文献

Chapter 1

誰のためのデザイン？- 認知科学者のデザイン原論／D.A. ノーマン／新曜社／1990年

テレワーク実証実験報告書／岡村製作所 オフィス研究所／2011年

幸福の政治経済学 - 人々の幸せを促進するものは何か／ブルーノ・フライ , アロイス・スタッツァー／ダイヤモンド社／2005年

平成25年住宅・土地統計調査／総務省統計局／2015年

コワーキングスペース報告書／岡村製作所 オフィス研究所／2014年

調査シリーズ No.102 勤務医の就労実態と意識に関する調査／独立行政法人 労働政策研究・研修機構／2012年

Introduction to Focus & Collaboration／岡村製作所 オフィス研究所／2014年

イクメンプロジェクト／厚生労働省／2015年

ワーク・ライフ・バランス社会の実現と生産性の関係に関する研究 報告書／内閣府 経済社会総合研究所／2011年

内向型人間の時代 - 社会を変える静かな人の力／スーザン・ケイン／講談社／2013年

The Questionnarie of "Quiet" アンケート調査結果／岡村製作所／2013年

Quiet revolution／岡村製作所 オフィス研究所／2013年

個人ワーク環境の選択性に関する調査／岡村製作所 オフィス研究所／2011年

アクティブ・ワークスタイルに関する調査報告（その2）- オフィス環境の有効活用による効果検証 -／上西基弘／日本オフィス学会第11回大会予稿集／2010年

Chapter 2

机上面に形成される心理的領域への天板形状の影響 PBL のための学習環境の開発に関する研究（その1）／花田愛 , 吉田健介 , 掛井秀一／日本建築学会計画系論文集 , Vol.80, No.710／2015年

はたらく場所が人をつなぐ-COPRESENCE WORK／池田晃一／日経 BP 社／2011年

グループワークにおけるテーブルの使われ方に関する研究 - ユーザが考案するテーブルの即時制作実験とその評価を通じて-／澤田真緒 , 佐々井良岳 , 中島靖夫 , 花田愛 , 池田晃一 , 本江正茂／日本オフィス学会誌 , 第4巻第1号／2012年

パネル高さとコミュニケーション／岡村製作所 オフィス研究所／2012年

オフィス環境調査 - デスクの天板形状／岡村製作所 オフィス研究所／2013年

オフィススペースデータ2013／岡村製作所 オフィス研究所／2013年

遮音対策の ABC ルール／日本音響学会

会話を守る Sound Conditioning System／岡村製作所 オフィス研究所／2013年

フリーアドレスオフィスにおける業務及びサロンエリアの差異がワーカー同士のコミュニケーションに与える影響／岡村製作所 オフィス研究所・早稲田大学共同研究／2014年

ワークプレイスにおけるプレ・コミュニケーションに関する研究 - 予示行動の分析とモードの抽出 -／堀田竜士 , 新藤大介 , 池田晃一 , 本江正茂／日本オフィス学会第12回大会予稿集／2011年

フリーアドレスオフィスにおけるカフェコーナーがワーカーの交流活動に与える影響／岡村製作所 オフィス研究所・早稲田大学共同研究／2014年

フリーアドレスオフィスにおけるマグネットスペースがワーカーの交流活動に与える影響／佐藤泰 , 菊池雄介 , 畠山雄豪 , 佐野友紀 , 上㘴基弘 , 鯨井康志／日本建築学会大会学術講演梗概集／2013年

人員位置情報検知システムを用いた"交流"の「場」活用に関する定量的評価手法研究／岡村製作所 オフィス研究所／2010年

Chapter 3

オフィス効果測定 知識創造型オフィスに関する基礎研究報告書／岡村製作所 オフィス研究所／2004年

オフィス空間における色彩活用に関する研究／中西真己／日本オフィス学会誌，第4巻第1号／2012年

人はなぜ色に左右されるのか－人間心理と色彩の不思議関係を解く／千々岩英彰／河出書房新社／1997年

色の秘密－最新色彩学入門／野村順一／ネスコ，文藝春秋／1994年

色の新しい捉え方－現場で「使える」色彩論／南雲治嘉／光文社／2008年

"かわいい"に対する行動科学的アプローチ／入戸野宏／広島大学大学院総合科学研究科紀要．I, 人間科学研究，4巻／2009年

かわいい人工物研究に対する行動科学の貢献／入戸野宏／第12回日本感性工学会大会「かわいい人工物研究部会」企画セッション／2010年

対象の異なる"かわいい"感情に共通する心理的要因／井原なみは，入戸野宏／広島大学大学院総合科学研究科紀要．I, 人間科学研究，7巻／2012年

「かわいいものを見ると集中できる」ことを発見！－日本発「かわいい」の新たな可能性を示す－／広島大学 研究NOW 第31回入戸野宏准教授（大学院総合科学研究科）／2012年

枕草子／清少納言／池田亀鑑校訂／岩波書店／1962年

「かわいい」論／四方田犬彦／筑摩書房／2006年

パーソナライゼーション－自席まわりの環境と生産性／岡村製作所 オフィス研究所／2012年

オフィスと人のよい関係－オフィスを変える50のヒント／浅田晴之，上西基弘，池田晃一／日経BP社／2007年

The Questionnarie of "Quiet" アンケート調査結果／岡村製作所／2013年

Quiet revolution／岡村製作所 オフィス研究所／2013年

ブレインストーミングにおけるアイデアの質と量に関する研究／佐々井良岳，堀田竜士，池田晃一，本江正茂／日本オフィス学会誌，第2巻第1号／2010年

人はなぜ笑うのか－笑いの精神生理学／志水彰，角辻豊，中村真／講談社／1994年

健康における笑いの効果の文献学的考察／三宅優，横山美江／岡山大学医学部保健学科紀要，第17巻第1号／2007年

グループワーク環境へのユーザの期待と実感に関する研究－環境的要素の即時設置とその評価を通じて－／澤田真緒，池田晃一，花田愛，本江正茂／日本オフィス学会誌，第6巻第2号／2014年

グループワークにおける垂直作業面の使用についての研究 - ユーザの考案する盤面と壁前作業スペースの分析を通して-／五反田萌 , 池田晃一 , 本江正茂／日本オフィス学会誌 , 第5巻第2号／2013年

グループワークのコミュニケーションに家具レイアウトが与える影響 - コミュニケーションを活性化するプロジェクト学習教室の在り方に関する研究その4／花田愛 , 吉田健介 , 掛井秀一／日本建築学会大会学術講演梗概集／2013年

脳のなかの幽霊、ふたたび／V.S. ラマチャンドラン／角川書店／2011年

テーブル形状による心理的印象調査実験報告書／岡村製作所 オフィス研究所／2008年

平面画像によるモニタリング手法の開発および活発度指標の提案 - 創造的なグループワークに関する研究その1／池田晃一 , 本間茂樹 , 後信和 , 本江正茂／日本オフィス学会誌 , 第1巻第1号／2009年

Chapter 4

オフィスとウェルビーイング／岡村製作所 オフィス研究所／2013年

自然光の経時変化に対応した照明システム環境の評価／田尻弘範 , 小崎智照 , 浅田晴之 , 上西基弘 , 牧島満 , 高橋正也 , 安河内朗／日本生理人類学会第65回大会一般口演／2011年

サーカディアンリズムに対応したオフィス照明システムの導入効果／上西基弘／日本オフィス学会第13回大会予稿集／2012年

オフィス照明の実態研究調査委員会報告書／照明学会／2002年

睡眠心理学／堀忠雄／北大路書房／2008年

新・陰翳礼讃 - 美しい「あかり」を求めて／石井幹子／祥伝社／2008年

ロウソクと蛍光灯 - 照明の発達からさぐる快適性／乾正雄／祥伝社／2006年

リフレッシュ空間の活性化策／岡村製作所 オフィス研究所／2012年

健康づくりのための睡眠指針2014／厚生労働省／2014年

医療施設における休憩スペースに関する研究 - 医療施設の空間変遷と医療従事者から見た癒しの空間評価／保江章乃 , 斎尾直子／日本建築学会関東支部研究報告集／2008年

OECD 国際教員指導環境調査 (TALIS) 日本版報告書「2013年調査結果の要約」／OECD／2013年

教員勤務実態調査暫定集計／文部科学省

小中学校における職員室のアンケート調査の報告と考察 - 教員の執務環境に関する研究 その2-／森田舞／日本オフィス学会第14回大会予稿集／2013年

教科教室型中学校の教師コーナーの利用実態 - 教師による学校の空間評価に関する調査研究 その3／矢野恵 , 小倉一美 , 筒野順 , 俞焕妹 , 柳澤要 , 森田舞／日本建築学会大会学術講演梗概集／2013年

オフィス空間の安全に関するオフィスワーカーの経験・意識調査／上西基弘／日本オフィス学会第14回大会予稿集／2013年

平成26年における労働災害の発生状況について／厚生労働省／2015年

職場のあんぜんサイト／厚生労働省

オフィス空間における色彩活用に関する研究／中西真己／日本オフィス学会誌, 第4巻第1号／2012年

大規模無柱オフィス空間の認知に関する研究／姜景霞, 前田薫子, 呉氷琰, 西出和彦, 浅田晴之／日本建築学会大会学術講演梗概集／2005年

オフィス環境調査 - マネージャーの席はどこにある?／岡村製作所 オフィス研究所／2013年

背もたれ角度および頭部角度による頸部の筋負担感 - 着座姿勢における頭部支持位置に関する研究 その1／浅田晴之, 渡辺秀俊／日本建築学会大会学術講演梗概集／2013年

頭部支持点の最適位置 - 着座姿勢における頭部支持位置に関する研究 その2／渡辺秀俊, 浅田晴之／日本建築学会大会学術講演梗概集／2013年

座位, 立位, および座位 - 立位の転換によるデスクワークにおける身体違和感, 下腿周径, 作業パフォーマンスの比較／鈴木一弥, 落合信寿, 茂木伸之, 浅田晴之, 岸一晃, 山本崇之／人間工学, 第51巻特別号／2015年

平成20年技術革新と労働に関する実態調査結果／厚生労働省／2009年

ISO11226:Ergonomics-Evaluation of static working postures／ISO／2000年

Global health risks／World Health Organization／2009年

Move a Little, Lose a Lot／James A. Levine／Crown Archetype／2009年

Effects of Healthcare Environmental Design on Medical Outcomes／Roger S. Ulrich／CAPCH Canadian Association for People-Centred Health

エコ・プラント 室内の空気をきれいにする植物／B.C. ウォルヴァートン／主婦の友社／1998年

植物の不思議な力=フィトンチッド 微生物を殺す樹木の謎をさぐる／B.P. トーキン, 神山恵三／講談社／1980年

オフィス・グリーンがもたらす効用に関する考察／岡村製作所 オフィス研究所／2011年

Chapter 5

アクティブラーニング - 伝達型の学びから創造的な学びへ -／岡村製作所 オフィス研究所／2010年

調べ学習とメディアセンターに関する評価と実態 - 教師による学校の空間評価に関する調査研究 その1／森田舞, 俞焕妹, 矢野恵, 筒野順, 小倉一美, 柳澤要／日本建築学会大会学術講演梗概集／2013年

学びのイノベーション事業実証研究報告書／文部科学省／2014年

都道府県別森林率・人工林率／林野庁／2012年

社会教育調査平成23年度／文部科学省

未来につなごう みんなの廃校プロジェクト～廃校施設の有効活用～／文部科学省／2014年

廃校施設活用状況実態調査の結果について／文部科学省／2014年

図表出典

Chapter 1

P33	Introduction to Focus & Collaboration／岡村製作所 オフィス研究所／2014年
P37	ワーク・ライフ・バランス社会の実現と生産性の関係に関する研究 報告書／内閣府 経済社会総合研究所／2011年
P41	The Questionnarie of "Quiet" アンケート調査結果／岡村製作所／2013年
P44	個人ワーク環境の選択性に関する調査／岡村製作所 オフィス研究所／2011年

Chapter 2

P75	会話を守る Sound Conditioning System／岡村製作所 オフィス研究所／2013年
P82	フリーアドレスオフィスにおける業務及びサロンエリアの差異がワーカー同士のコミュニケーションに与える影響／岡村製作所オフィス研究所・早稲田大学共同研究／2014年
P87	ワークプレイスにおけるプレ・コミュニケーションに関する研究 – 予示行動の分析とモードの抽出 –／堀田竜士, 新藤大介, 池田晃一, 本江正茂／日本オフィス学会第12回大会予稿集／2012年

Chapter 3

P101	オフィス効果測定 知識創造型オフィスに関する基礎研究報告書／岡村製作所 オフィス研究所／2004年
P105	オフィス空間における色彩活用に関する研究／中西真己／日本オフィス学会誌, 第4巻第1号／2012年
P109	パーソナライゼーション – 自席まわりの環境と生産性／岡村製作所 オフィス研究所／2012年
P113	The Questionnarie of "Quiet" アンケート調査結果／岡村製作所／2013年
P117	ブレインストーミングにおけるアイデアの質と量に関する研究／佐々井良岳, 堀田竜士, 池田晃一, 本江正茂／日本オフィス学会誌, 第2巻第1号／2010年
P129	グループワークにおける垂直作業面の使用についての研究 – ユーザの考案する盤面と壁前作業スペースの分析を通して –／五反田萌, 池田晃一, 本江正茂／日本オフィス学会誌, 第5巻第2号／2013年

Chapter 4

- P147　サーカディアンリズムに対応したオフィス照明システムの導入効果／上西基弘／日本オフィス学会第13回大会予稿集／2012年
- P151　リフレッシュ空間の活性化策／岡村製作所 オフィス研究所／2012年 より作成
- P161　職場のあんぜんサイト／厚生労働省 より作成
- P163　オフィス空間の安全に関するオフィスワーカーの経験・意識調査／上西基弘／日本オフィス学会第14回大会予稿集／2013年
- P167　オフィス空間における色彩活用に関する研究／中西真己／日本オフィス学会誌, 第4巻第1号／2012年
- P171　大規模無柱オフィス空間の認知に関する研究／姜景霞, 前田薫子, 呉氷琰, 西出和彦, 浅田晴之／日本建築学会大会学術講演梗概集／2005年
- P187　オフィス・グリーンがもたらす効用に関する考察／岡村製作所 オフィス研究所／2011年

Chapter 5

- P193　アクティブラーニング－伝達型の学びから創造的な学びへ－／岡村製作所 オフィス研究所／2010年
- P197　調べ学習とメディアセンターに関する評価と実態－教師による学校の空間評価に関する調査研究　その1／森田舞, 俞焕姝, 矢野恵, 筒野順, 小倉一美, 柳澤要／日本建築学会大会学術講演梗概集／2013年
- P205　ACORN／岡村製作所 より作成
- P213　廃校施設活用状況実態調査の結果について／文部科学省／2014年 より作成

著者紹介

花田 愛 （はなだ あい）
岡村製作所オフィス研究所研究員。オフィスや病院、公共空間のデザインを経て現職。専門は芸術工学。現在は、あたらしい学びとそのための学習空間など、コミュニケーションと環境に関する研究に従事。

森田 舞 （もりた まい）
岡村製作所オフィス研究所研究員。オフィス製品の企画開発を経て現職。専門は建築計画学。博士(工学)、一級建築士。現在は、教育施設を中心として、よりよい空間・環境のあり方に関する調査・研究に従事。

オフィスはもっと楽しくなる
はたらき方と空間の多様性

―――――――――――――――――――――――――――――――

発行　2015 年　8月 31 日　第 1 刷発行

著　者　　花田 愛　　森田 舞
発行者　　長坂嘉昭
発行所　　株式会社プレジデント社
　　　　　〒102-8641　東京都千代田区平河町 2-16-1
　　　　　http://www.president.co.jp/
　　　　　電話：編集(03)3237-3732　販売(03)3237-3731

監　修　　株式会社トミー
挿　画　　おかの博美
編　集　　桂木栄一　平野雄大　遠藤由次郎
装　丁　　渡邊民人（タイプフェイス）
本文デザイン
図版製作　　タイプフェイス
制　作　　関 結香
販　売　　高橋 徹　川井田美景　森田 巌　遠藤真知子
印刷・製本　凸版印刷株式会社

©2015／著作権者 株式会社岡村製作所　ISBN978-4-8334-2144-7　Printed in Japan
落丁・乱丁本はおとりかえいたします。